研读经典精髓，看成败、鉴是非、知兴替，
“温故而知新”、“彰往而察来”

其实人生不是梦也不是戏，是一件最严重的事实

胡　适◎著

四十自述

SISHI ZISHU

中国言实出版社

图书在版编目（CIP）数据

四十自述／胡适著. —北京：中国言实出版社，2014. 7

ISBN 978-7-5171-0652-4

Ⅰ. ①四… Ⅱ. ①胡… Ⅲ. ①胡适（1891～1962）-自传 Ⅳ. ①K825. 4

中国版本图书馆 CIP 数据核字（2014）第 133192 号

责任编辑：郭江妮

出版发行 中国言实出版社

地　址：北京市朝阳区北苑路 180 号加利大厦 5 号楼 105 室

邮　编：100101

编辑部：北京市西城区百万庄大街甲 16 号五层

邮　编：100037

电　话：64924853（总编室）　64924716（发行部）

网　址：www. zgyscbs. cn

E-mail：zgyscbs@263. net

经　　销 新华书店

印　　刷 河北信德印刷有限公司

版　　次 2014 年 10 月第 1 版　2022 年 8 月第 2 次印刷

规　　格 880 毫米×1230 毫米　1/32　6 印张

字　　数 106 千字

定　　价 36. 00 元　ISBN 978-7-5171-0652-4

自　序

我在这十几年中，因为深深地感觉中国最缺乏传记的文学，所以到处劝我的老辈朋友写他们的自传。不幸得很，这班老辈朋友虽然都答应了，终不肯下笔。最可悲的一个例子是林长民先生，他答应了写他的五十自述作他五十岁生日的纪念；到了生日那一天，他对我说：“适之，今年实在太忙了，自述写不成了；明年生日我一定补写出来。”不幸他庆祝了五十岁的生日之后，不上半年，他就死在郭松龄的战役里，他那富于浪漫意味的一生就成了一部人间永不能读的逸书了！

梁启超先生也曾同样地允许我。他自信他的体力精力都很强，所以他不肯写他的自传。谁也不料那样一位生龙活虎一般的中年作家，只活了五十五岁！虽然他的信札和诗文留下了绝多的传记材料，但谁能有他那样“笔锋常带感情”的健笔，来写他那五十五年最关重要又最有趣味的生活呢！中国近世历史与中国现代文学就都因此受了一桩无法补救的绝大损失了。

我有一次见着梁士诒先生，我很诚恳地劝他写一部自叙，因为我知道他在中国政治史与财政史上，都曾扮演过很重要的角色，所以我希望他替将来的史家留下一点史料。我也知道他写的自传也许是要替他自己洗刷他的罪恶；但这是不妨事的，有训练的史家自有防弊的方法；最要紧的是要他自己写他心理上的动机，黑幕里的线索，和他站在特殊地位的观察。前两个月，我读了梁士诒先生的讣告，他的自叙或年谱大概也就成了我的梦想了。

此外，我还劝过蔡元培先生、张元济先生、高梦旦先生、陈独秀先生、熊希龄先生、叶景葵先生。我盼望他们都不要叫我失望。

前几年，我的一位女朋友忽然发愤写了一部六七万字的自传，我读了很感动，认为是中国妇女的自传文学的破天荒的写实创作。但不幸她在一种精神病态中把这部稿本全烧了。当初她每写成一篇寄给我看时，我因为尊重她的意思，不曾替她留一个副本，至今引为憾事。

我的《四十自述》，只是我的“传记热”的一个小小的表现。这四十年的生活可分作三个阶段，留学以前为一段，留学的七年（1910—1917）为一段，归国以后（1917—

1931）为一段。我本想一气写成，但因为种种打断，只写成了这第一段的6章。现在我又出国去了，归期还不能确定，所以我接受了亚东图书馆的朋友们的劝告，先印行这几章。这几章都先在《新月》月刊上发表过，现在我都从头校改过，事实上的小错误和文字上的疏忽，都改正了。我的朋友周作人先生、葛祖兰先生和族叔堇人先生，都曾矫正我的错误，都是我最感谢的。

关于这书的体例，我要声明一点。我本想从这四十年中挑出十来个比较有趣味的题目，用每个题目来写一篇小说式的文字，略如第一篇写我的父母的结婚。这个计划曾经得死友徐志摩的热烈的赞许，我自己也很高兴，因为这个方法是自传文学上的一条新路子，并且可以让我（遇必要时）用假的人名地名，描写一些太亲切的情绪方面的生活。但我究竟是一个受史学训练深于文学训练的人，写完了第一篇，写到了自己的幼年生活，就不知不觉地抛弃了小说的体裁，回到了谨严的历史叙述的老路上去了。这一变颇使志摩失望。但他读了那写家庭和乡村教育的一章，也曾表示赞许；还有许多朋友写信来说这一章比前一章更动人。从此以后，我就爽性这样写下去了。因为第一章只是用小说体追写一个传记，其中写那太子会颇有用想象补充的部分，虽经堇人叔来信指出，我也不去更动了。但因为传闻究竟与我自己的亲见亲闻有别，所以我把这一章提出，称为“序幕”。

我的这部《自述》虽然至今没写成，几位旧友的自传，如郭沫若先生的，如李季先生的，都早已出版了。自传的风气似乎已开了。我很盼望我们这几个三四十岁的人的自传的出世，可以引起一班老年朋友的兴趣，可以使我们的文学里添出无数的可读而又可信的传记来。我们抛出几块砖瓦，只是希望能引出许多块美玉宝石来；我们赤裸裸地叙述我们少年时代的琐碎生活，为的是希望社会上做过一番事业的人也会赤裸裸地记载他们的生活，给史家做材料，给文学开生路。

胡 适

二二，六，二七　在太平洋上

目　录

我的母亲的订婚

1

太子会[1]是我们家乡秋天最热闹的神会，但这一年的太子上会却使许多人失望。

神伞一队过去了。都不过是本村各家的绫伞，没有什么新鲜花样。去年大家都说，恒有绸缎庄预备了一顶珍珠伞。因为怕三先生说话，故今年他家不敢拿出来。

昆腔今年有四队，总算不寂寞。昆腔子弟都穿着“半截长衫”，上身是白竹布，下半是湖色杭绸。每人小手指上挂

---

① 太子会是皖南很普通的神会，据说太子神是唐朝安史乱时保障江淮的张巡许远。何以称“太子”，现在还没有满意的解释。

着湘妃竹柄的小纨扇，吹唱时纨扇垂在笙笛下面摇摆着。

扮戏今年有六出，都是“正戏”，没有一出花旦戏。这也是三先生的主意。后村的子弟本来要扮一出《翠屏山》，也因为怕三先生说话，改了《长坂坡》。其实七月的日光底下，甘糜二夫人脸上的粉已被汗洗光了，就有潘巧云也不会怎样特别出色。不过看会的人的心里总觉得后村很漂亮的小棣没有扮潘巧云的机会，只扮作了糜夫人，未免太可惜了。

今年最扫兴的是没有扮戏的“抬阁”。后村的人早就练好了两架“抬阁”，一架是《龙虎斗》，一架是《小上坟》。不料三先生今年回家过会场，他说抬阁太高了，小孩子热天受不了暑气，万一跌下来，不是小事体。他极力阻止，抬阁就扮不成了。

粗乐和昆腔一队一队地过去了。扮戏一出一出地过去了。接着便是太子的神轿。路旁的观众带着小孩的，都喊道，“拜呵！拜呵！”许多穿着白地蓝花布褂的男女小孩都合掌拜揖。

神轿的后面便是拜香的人！有的穿着夏布长衫，捧着柱香；有的穿着短衣，拿着香炉挂，炉里烧着檀香。还有一些许愿更重的，今天来“吊香”还愿；他们上身穿白布褂，扎着朱青布裙，远望去不容易分别男女。他们把香炉吊在铜钩上，把钩子钩在手腕肉里，涂上香灰，便可不流血。今年吊香的人很多，有的只吊在左手腕上，有的双手都吊；有的只吊一个小香炉，有的一只手腕上吊着两个香炉。他们都是虔诚还愿的人。悬着挂香炉的手腕，跟着神轿走多少里路，虽然有自家人跟着打扇，但也有半途中暑热走不动的。

冯顺弟搀着她的兄弟，跟着她的姑妈，站在路边石磴上看会。她今年十四岁了。家在十里外的中屯，有个姑妈嫁在上庄，今年轮着上庄做会，故她的姑丈家接她姊弟来看会。

她是个农家女子，从贫苦的经验里得着不少的知识，故虽是十四岁的女孩儿，却很有成人的见识。她站在路旁听着旁人批评今年的神会，句句总带着三先生。“三先生今年在家过会，可把会弄糟了。”“可不是呢？抬阁也没有了。”“三先生还没有到家，八都的鸦片烟馆都关门了，赌场也都不敢开了。七月会场上没有赌场，又没有烟灯，这是多年没有的事。”

看会的人，你一句，他一句，顺弟都听在心里。她心想，三先生必是一个了不得的人，能叫赌场烟馆不敢开门。

会过完了，大家纷纷散了。忽然她听见有人低声说，“三先生来了！”她抬起头来，只见路上的人都纷纷让开一条路；只听见许多人都叫“三先生”。

前面走来了两个人。一个高大的中年人，面容紫黑，有点短须，两眼有威光，令人不敢正眼看他；他穿着苎布大袖短衫，苎布大脚管的裤子，脚下穿着苎布鞋子，手里拿着一杆旱烟管。和他同行的是一个老年人，瘦瘦身材，花白胡子，也穿着短衣，拿着旱烟管。

顺弟的姑妈低低说，“那个黑面的，是三先生；那边是月吉先生，他的学堂就在我们家的前面。听人说三先生在北边做官，走过了万里长城，还走了几十日，都是没有人烟的地方，冬天冻杀人，夏天热杀人；冬天冻塌鼻子，夏天蚊虫有苍蝇那么大。三先生肯吃苦，不怕日头不怕风，在万里长城外住了几年，把脸晒得象包龙图一样”。

这时候，三先生和月吉先生已走到她们面前，他们站住说了一句话，三先生独自下坡去了；月吉先生却走过来招呼顺弟的姑妈，和她们同行回去。

月吉先生见了顺弟，便问道，“灿嫂，这是你家金灶舅的小孩子吗？”

“是的。顺弟，诚厚，叫声月吉先生。”

月吉先生一眼看见了顺弟脑后的发辫，不觉喊道，“灿嫂，你看这姑娘的头发一直拖到地！这是贵相！是贵相！许了人家没有？”

这一问把顺弟羞得满脸绯红，她牵着她弟弟的手往前飞跑，也不顾她姑妈了。

她姑妈一面喊，“不要跌了”！回头对月吉先生说：“还不曾许人家。这孩子很稳重，很懂事。我家金灶哥总想许个好好人家，所以今年十四岁了，还不曾许人家。”

月吉先生说，“你开一个八字给我，我给她排排看。你不要忘了”。

他到了自家门口，还回过头来说：“不要忘记，叫灿哥抄个八字给我。”

2

顺弟在上庄过了会场，她姑丈送她姊弟回中屯去。七月里天气热，日子又长，他们到日头快落山时才起身，走了十里路，到家时天还没全黑。

顺弟的母亲刚牵了牛进栏，见了他们，忙着款待姑丈过夜。

“爸爸还没有回来吗？”顺弟问。

“姊姊，我们去接他。”姊姊和弟弟不等母亲回话，都出去了。

他们到了村口，远远望见他们的父亲挑着一担石头进村来。他们赶上去喊着爸爸，姊姊弟弟每人从挑子里拿了一块石头，捧着跟他走。他挑到他家的旧屋基上，把石子倒下去，自己跳下去，把石子铺平，才上来挑起空担回家去。

顺弟问，“这是第三担了吗？”

她父亲点点头，只问他们看的会好不好，戏好不好，一同回家去。

顺弟的父亲姓冯，小名金灶。他家历代务农，辛辛苦苦挣起了一点点小产业，居然有几亩自家的田，一所自家的屋。金灶十三四岁的时候，长毛贼到了徽州，中屯是绩溪北乡的大路，整个村子被长毛烧成平地。金灶的一家老幼都被杀了，只剩他一人，被长毛掳去。长毛军中的小头目看这个小孩子有气力，能吃苦，就把他脸上刺了“太平天国”四个蓝字，叫他不能逃走。军中有裁缝，见这个孩子可怜，收他做徒弟，叫他跟着学裁缝。金灶学了一手好裁缝，在长毛营里混了几年，从绩溪到宁国、广德，居然被他逃走出来。但因为面上刺了字，捉住他的人可以请赏，所以他不敢白日露面。他每日躲在破屋场里，挨到夜间，才敢赶路。他吃了种种困苦，好容易回到家乡，只寻得一片焦土，几座焦墙，一村的丁壮留剩的不过二三十人。

金灶是个肯努力的少年，他回家之后，寻出自家的荒田，努力耕种。有余力就帮人家种田，做裁缝。不上十年，他居然修葺了村里一间未烧完的砖屋，娶了一个妻子。夫妻都能苦做苦吃，渐渐有了点积蓄，渐渐挣起了一个小小的家庭。

他们头胎生下一个女儿。在那大乱之后，女儿是不受欢迎的，所以她的名字叫做顺弟，取个下胎生个弟弟的吉兆。隔了好几年，果然生了一个儿子，他们都很欢喜。

金灶为人最忠厚；他的裁缝手艺在附近村中常有雇主，人都说他诚实勤谨。外村的人都尊敬他，叫他金灶官。

但金灶有一桩最大的心愿，他总想重建他祖上传下来、被长毛烧了的老屋。他一家人都被杀完了，剩下他这一个人，他觉得天留他一个人是为中兴他的祖业的。他立下了一个誓愿：要在老屋基上建造起一所更大又更讲究的新屋。

他费了不少工夫，把老屋基扒开，把烧残砖瓦拆扫干净，准备重新垫起一片高地基，好在上面起造一所高爽干燥的新屋。他每日天未明就起来了；天刚亮，就到村口溪头去拣选石子，挑一大担回来，铺垫地基。来回挑了三担之后，他才下田去做工；到了晚上歇工时，他又去挑三担石子，才吃晚饭。农忙过后，他出村帮人家做裁缝，每天也要先挑三担石子，才去上工；晚间吃了饭回来，又要挑三担石子，才肯休息。

这是他的日常功课，家中的妻子女儿都知道他的心愿，女流们不能帮他挑石头，又不能劝他休息，劝他也没有用处。有时候，他实在疲乏了，挑完石子回家，倒在竹椅上吸旱烟，眼望着十几岁的女儿和几岁的儿子，微微叹一口气。

顺弟已是懂事的了，她看见她父亲这样辛苦做工，她心里好不难过。她常常自恨不是个男子，不能代她父亲下溪头去挑石头。她只能每日早晚到村口去接她父亲，从他的担子里捧出一两块石头来，拿到屋基上，也算是分担了他的一点辛苦。

看看屋基渐渐垫高了，但砖瓦木料却全没有着落。高敞的新屋还只存在她一家人的梦里。顺弟有时做梦，梦见她是个男子，做了官回家看父母，新屋早已造好了，她就在黑漆的大门外下轿。下轿来又好像做官的不是她，是她兄弟。

3

这一年，顺弟十七岁了。

一天的下午，金灶在三里外的张家店做裁缝，忽然走进了一个中年妇人，叫声“金灶舅”。他认得她是上庄的星五嫂，她娘家离中屯不远，所以他从小认得她。她是三先生的伯母，她的丈夫星五先生也是八都的有名绅士，所以人都叫她“星五先生娘”。

金灶招呼她坐下。她开口道：“巧极了，我本打算到中屯看你去，走到了张家店，才知道你在这里做活。巧极了。金灶舅，我来寻你，是想开你家顺弟的八字。”

金灶问是谁家。

星五先生娘说：“就是我家大侄儿三哥。”

“三先生?”

“是的，三哥今年47，前头讨的七都的玉环，死了十多年了。玉环生下了儿女一大堆——三个儿子，三个女——现在都长大了。不过他在外头做官，没有个家眷，实在不方便。所以他写信来家，要我们给他定一头亲事。”

金灶说，“我们种田人家的女儿哪配做官太太？这件事不用提。”

星五先生娘说：“我家三哥有点怪脾气。他今年写信回来说，一定要讨一个做庄稼人家的女儿。”

“什么道理呢？”

“他说，做庄稼人家的人身体好，不会像玉环那样痨病鬼。他又说，庄稼人家晓得艰苦。”

金灶说：“这件事不会成功的。一来呢，我们配不上做官人家。二来，我家女人一定不肯把女儿给人做填房。三来，三先生家的儿女都大了，他家大儿子大女儿都比顺弟大好几岁，这样人家的晚娘是不容易做的。这个八字不用开了。”

星五先生娘说：“你不要客气，顺弟很稳重，是个有福气的人。金灶舅，你莫怪我直言，顺弟今年十七岁了，眼睛一睞，20岁到头上，你哪里去寻一个青年郎？填房有什么不好？三哥的信上说了，新人过了门，他就要带上任去。家里的儿女，大女儿出嫁了；大儿子今年做亲，留在家里；二女儿是从小给了人家了；三女儿也留在家里。将来在任上只有两个双胞胎的十五岁小孩子，他们又都在学堂里。这个家也没有什么难照应。”

金灶是个老实人，他也明白她的话有驳不倒的道理。家乡风俗，女儿十三四岁总得定亲了，十七八岁的姑娘总是做填房的居多。他们夫妇因为疼爱顺弟，总想许个念书人家，所以把她耽误了。这是他们做父母的说不出的心事。所以他今天很有点踌躇。

星五先生娘见他踌躇，又说道："金灶舅，你不用多心。你回去问问金灶舅母，开个八字。我今天回娘家去，明朝我来取。八字对不对，辰肖合不合，谁也不知道。开个八字总不妨事。"金灶一想，开个八字诚然不妨事，他就答应了。

这一天，他从张家店回家，顺弟带了弟弟放牛去了，还没有回来。他放下针线包和熨斗，便在门里板凳上坐下来吸旱烟。他的妻子见他有心事的样子，忙过来问他。他把星五嫂的话对她说了。

她听了大生气，忙问，"你不曾答应她开八字？"

他说，"我说要回家商量商量。不过开个八字给他家，也不妨事。"

她说，"不行。我不肯把女儿许给快五十岁的老头子。他家儿女一大堆，这个晚娘不好做。做官的人家看不起我们庄户人家的女儿，将来让人家把女儿欺负煞，谁家来替我们伸冤？我不开八字。"

他慢吞吞地说，"顺弟今年十七岁了，许人家也不容易。三先生是个好人——"

她更生气了，"是的，都是我的不是。我不该心高，耽误了女儿的终身。女儿没人家要了，你就想送给人家做填房，做晚娘。做填房也可以，三先生家可不行。他家是做官人家，将来人家一定说我们贪图人家有势力，把女儿卖了，想换个做官的女婿。我背不起这个恶名。别人家都行，三先生家我不肯。女儿没人家要，我养她一世”。

他们夫妻吵了一场，后来金灶说，“不要吵了。这是顺弟自家的事，吃了夜饭，我们问问她自己。好不好?”她也答应了。

晚饭后，顺弟看着兄弟睡下，回到菜油灯下做鞋。金灶开口说，“顺弟，你母亲有句话要问你”。

顺弟抬起头来，问妈有什么话。她妈说，“你爸爸有话问你，不要朝我身上推。”

顺弟看她妈有点气，不知道是怎么一回事，只好问爸爸。她爸对她说，“上庄三先生要讨个填房，他家今天叫人来开你的八字。你妈嫌他年纪太大，四十七岁了，比你大三十岁，家中又有一大堆儿女。晚娘不容易做，我们怕将来害了你一世，所以要问问你自己”。

他把今天星五嫂的话说了一遍。

顺弟早已低下头去做针线，半晌不肯开口。她妈也不开口，她爸也不说话了。

顺弟虽不开口，心里却在那儿思想。她好像闭了眼睛，看见她的父亲在天刚亮的时候挑着一大担石头进村来，看见那大块屋基上堆着他一担一担地挑来的石头，看见她父亲晚上坐在黑影地里沉思叹气。一会儿，她又仿佛看见她做了官回来，在新屋的大门口下轿。一会儿，她的眼前又仿佛现出了那紫黑面孔，两眼射出威光的三先生……

她心里这样想：这是她帮她父母的机会到了。做填房可以多接聘金。前妻儿女多，又是做官人家，聘金财礼总应该更好看点。她将来总还可以帮她父母的忙，她父亲一生梦想的新屋总可以成功……三先生是个好人，人人都敬重他，只有开赌场烟场馆的人怕他恨他……

她母亲说话的声音打断了她的思想。她妈说，"对了我们，有什么话不好说？你说吧！"

顺弟抬起眼睛来，见她爸妈都望着她自己。她低下头去，红着脸说道："只要你们俩都说他是个好人，请你们俩作主。"她接着又加上一句话。"男人家四十七岁也不能算是年纪大。"

她爸叹了一口气。她妈可气得跳起来了，忿忿地说，"好呵！你想做官太太了！好罢！听你情愿吧！"

顺弟听了这句话，又羞又气，手里的鞋面落在地上，眼泪直滚下来。她拾起鞋面，一声不响，走到她房里去哭了。

经过了这一番家庭会议之后，顺弟的妈明白她女儿是愿意的了，她可不明白她情愿卖身来帮助爹妈的苦心，所以她不指望这门亲事成功。

她怕开了八字去，万一辰肖相合，就难回绝了；万一八字不合，旁人也许要笑她家高攀不上做官人家。她打定主意，要开一张假八字给媒人拿去。第二天早晨，她到祠堂蒙馆去，请先生开一个庚帖，故意错报了一天生日，又错报了一个时辰。

先生翻开《万年历》，把甲子查明写好，她拿回去交给金灶。

那天下午，星五先生娘到张家拿到了庚帖，高兴得很。回到了上庄，她就去寻着月吉先生，请他把三先生和她的八字排排看。

月吉先生看了八字，问是谁家女儿。

“中屯金灶官家的顺弟。”

月吉先生说，“这个八字开错了。小村乡的蒙馆先生连官本（俗称历书为官本）也不会查，把八个字抄错了四个字。”

星五先生娘说，“你怎么知道八字开错了？”

月吉先生说，“我算过她的八字，所以记得。大前年村里七月会，我看见这女孩子，她不是灿嫂的侄女吗？圆圆面孔，有一点雀斑，头发很长，是吗？面貌并不美，倒稳重得很，不像个庄稼人家的孩子。我那时问灿嫂讨了她的八字来算算看。我算过的八字。三五年不会忘记的。”

他抽开书桌的抽屉，寻出一张字条来，说，“可不是呢？在这里了。”他提起笔来，把庚帖上的八字改正，又把三先生的写出。他排了一会，对星五先生娘说，“八字是对的，不用再去对了。星五嫂，你的眼力不差，这个人配得上三哥。相貌是小事，八字也是小事，金灶官家的规矩好。你明天就去开礼单。三哥那边，我自己写信去”。

过了两天，星五先生娘到了中屯，问金灶官开“礼单”。她埋怨道，“你们村上的先生不中用，把八字开错了，几乎误了事”。

金灶嫂心里明白，问谁说八字开错了的。星五先生娘一五一十地把月吉先生的话说了。金灶夫妻很诧异，他们都说，这是前世注定的姻缘。金灶嫂现在也不反对了。他们答应开礼单，叫她隔几天来取。

冯顺弟就是我的母亲，三先生就是我的父亲铁花先生。在我父亲的日记上，有这样几段记载：

> [光绪十五年（1889）二月] 十六日，行五十里，抵家……
>
> 二十一日，遣媒人订约于冯姓，择定三月十二日迎娶……
>
> 三月十一日，遣舆诣七都中屯迎娶冯氏。
>
> 十二日，冯氏至。行合卺礼。谒庙。
>
> 十三日，十四日，宴客……
>
> 四月初六日，往中屯，叩见岳丈岳母。
>
> 初七日，由中屯归……
>
> 五月初九日，起程赴沪，天雨，行五十五里，宿旌之新桥。

十九，六，廿六

此篇原载 1931 年 3 月 10 日《新月》第 3 卷第 1 号

九年的家乡教育

1

我生在光绪十七年十一月十七日（1891 年 12 月 17），那时候我家寄住在上海大东门外。我生后两个月，我父亲被台湾巡抚邵友濂调往台湾；江苏巡抚奏请免调，没有效果。我父亲于十八年二月底到台湾，我母亲和我搬到川沙住了一年。十九年（1893）二月二十六日我们一家（我母、四叔介如、二哥嗣秬、三哥嗣秠）也从上海到台湾。我们在台南住了十个月。十九年五月，我父亲做台东直隶州知州，兼统镇海后军各营。台东是新设白州，一切草创，故我父不能带家眷去。到十九年底，我们才到台东。我们在台东住了整一年。

甲午（1894）中日战争开始，台湾也在备战的区域，恰好介如四叔来台湾，我父亲便托他把家眷送回徽州故乡，只留二哥嗣秬跟着他在台东。我们于乙未年（1895）正月离开台湾，二月初十日从上海起程回绩溪故乡。

那年四月，中日和议成，把台湾割让给日本。台湾绅民反对割台，要求巡抚唐景崧坚守。唐景崧请西洋各国出来干涉，各国不允。台人公请唐为台湾民主国大总统，帮办军务刘永福为主军大总统。我父亲在台东办后山的防务，电报已不通，饷源已断绝。那时他已得脚气病，左脚已不能行动。他守到闰五月初三日，始离开后山。到安平时，刘永福苦苦留他帮忙，不肯放行。到六月廿五日，他双脚都不能动了。七月初三日他死在厦门，成为东亚第一个民主国的第一个牺牲者！

这时候我只有三岁零八个月。我仿佛记得我父亲死信到家时，我母亲正在家中老屋的前堂，她坐在房门口的椅子上。她听见读信人读到我父亲的死信，身子往后一倒，连椅子倒在房门槛上。东边房门口坐的珍伯母也放声大哭起来，一时满屋都是哭声，我只觉得天地都翻覆了！我只仿佛记得这一点凄惨的情状，其余都不记得了。

2

我父亲死时，我母亲只有二十三岁。我父初娶冯氏，结婚不久便遭太平天国之乱，同治二年（1863）死在兵乱里。次娶曹氏，生了三个儿子，三个女儿，死于光绪四年(1878)。我父亲因家贫，又有志远游，故久不续娶。到光绪十五年（1889)，他在江苏候补，生活稍稍安定，才续娶我的母亲。我母亲结婚后三天，我的大哥嗣稼也娶亲了。那时我的大姊已出嫁生了儿子。大姊比我母亲大七岁。大哥比她大两岁。二姊是从小抱给人家的。三姊比我母亲小三岁，二哥三哥（孪生的）比她小四岁。这样一个家庭里忽然来了一个十七岁的后母，她的地位自然十分困难，她的生活自然免不了苦痛。

结婚后不久，我父亲把她接到了上海同住。她脱离了大家庭的痛苦，我父又很爱她，每日在百忙中教她认字读书，这几年的生活是很快乐的。我小时也很得我父亲钟爱，不满三岁时，他就把教我母亲的红纸方字教我认。父亲作教师，母亲便在旁作助教。我认的是生字，她便借此温她的熟字。他太忙时，她就是代理教师。我们离开台湾时，她认得了近千字，我也认得了七百多字。这些方字都是我父亲亲手写的楷字，我母亲终身保存着，因为这些方块红笺上都是我们三个人的最神圣的团居生活的记念。

我母亲二十三岁就做了寡妇，从此以后，又过了二十三年。这二十三年的生活真是十分苦痛的生活，只因为还有我这一点骨血，她含辛茹苦，把全副希望寄托在我的渺茫不可知的将来，这一点希望居然使她挣扎着活了二十三年。

我父亲在临死之前两个多月，写了几张遗嘱，我母亲和四个儿子每人各有一张，每张只有几句话。给我母亲的遗嘱上说穈儿（我的名字叫嗣穈，穈字音门）天资颇聪明，应该令他读书。给我的遗嘱也教我努力读书上进。这寥寥几句话在我的一生很有重大的影响。我十一岁的时候，二哥和三哥都在家，有一天我母亲向他们道："穈今年十一岁了。你老子叫他念书，你们看看他书念得出吗？"二哥不曾开口，三哥冷笑道："哼，念书！"二哥始终没有说什么。我母亲忍气坐了一会，回到了房里才敢掉眼泪。她不敢得罪他们，因为一家的财政权全在二哥的手里，我若出门求学是要靠他供给学费的。所以她只掉眼泪，终不敢哭。

但父亲的遗嘱究竟是父亲的遗嘱，我是应该念书的。况且我小时候很聪明，四乡的人都知道三先生的小儿子是能够念书的。所以隔了两年，三哥往上海医肺病，我就跟他出门求学了。

3

我在台湾时，大病了半年，故身体很弱。回家乡时，我号称五岁了，还不能跨一个七八寸高的门槛。但我母亲望我念书的心很切，故到家的时候，我才满三岁零几个月，就在我四叔父介如先生（名玠）的学堂里读书了。我的身体太小，他们抱我坐在一只高凳子上面。我坐上了就爬不下来，还要别人抱下来。但我在学堂并不算最低级的学生，因为我进学堂之前已认得近一千字了。

因为我的程度不算“破蒙”的学生，故我不须念《三字经》《千字文》《百家姓》《神童诗》一类的书。我念的第一部书是我父亲自己编的一部四言韵文，叫做《学为人诗》，他亲笔抄写了给我的。这部书说的是做人的道理。我把开头几行抄在这里：

为人之道，在率其性，
子臣弟友，循理之正。
谨乎庸言，勉乎庸行，
以学为人，以期作圣。

以下分说五伦。最后三节，因为可以代表我父亲的思想，我也抄在这里：

五常之中，不幸有变，
名分攸关，不容稍紊。
义之所在，身可以殉。
求仁得仁，无所尤怨。

古之学者，察于人伦，
因亲及亲，九族克敦；
因爱推爱，万物同仁。
能尽其性，斯为圣人。
经籍所载，师儒所述，
为人之道，非有他术。
穷理致知，返躬践实，
黾勉于学，守道勿失。

我念的第二部书也是我父亲编的一部四言韵文，名叫《原学》，是一部略述哲理的书。这两部书虽是韵文，先生仍讲不了，我也懂不了。

我念的第三部书叫做《律诗六抄》，我不记是谁选的了。三十多年来，我不曾重见这部书，故没有机会考出此书的编者；依我的猜测，似是姚鼐的选本，但我不敢坚持此说。这一册诗全是律诗，我读了虽不懂得，却背得很熟。至今回忆，却完全不记得了。

我虽不曾读《三字经》等书，却因为听惯了别的小孩子高声诵读，我也能背这些书的一部分，尤其是那五七言的《神童诗》，我差不多能从头背到底。这本书后面的七言句子，如：

人心曲曲湾湾水，

世事重重叠叠山。

我当时虽不懂得其中的意义，却常常嘴上爱念着玩，大概也是因为喜欢那些重字双声的缘故。

我念的第四部书以下，除了《诗经》，就都是散文的了。我依诵读的次序，把这些书名写在下面：

《孝经》。

朱子的《小学》，江永集注本。

《论语》。以下四书皆用朱子注本。

《孟子》。

《大学》与《中庸》（《四书》皆连注文读）。

《诗经》，朱子集传本（注文读一部分）。

《书经》，蔡沈注本（以下三书不读注文）。

《易经》，朱子《本义》本。

《礼记》，陈澔注本。

读到了《论语》的下半部，我的四叔父选了颍州府阜阳县的训导，要上任去了，就把家塾移交给族兄禹臣先生（名观象）。四叔是个绅董，常常被本族或外村请出去议事或和案子；他又喜欢打纸牌（徽州纸牌，每副一百五十五张），常常被明达叔公、映基叔、祝封叔、茂张叔等人邀出去打牌。所以我们的功课很松，四叔往往在出门之前，给我们“上一进书”，叫我们自己念；他到天将黑时，回来一趟，把我们的习字纸加了圈，放了学，才又出门去。

四叔的学堂里只有两个学生，一个是我，一个是四叔的儿子嗣秫，比我大几岁。嗣秫承继给瑜婶（星五伯公的二子，珍伯、瑜叔，皆无子，我家三哥承继珍伯，秫哥承继瑜婶），她很溺爱他，不肯管束他，故四叔一走开，秫哥就溜到灶下或后堂去玩了（他们和四叔住一屋，学堂在这屋的东边小屋内）。我的母亲管得严厉，我又不大觉得念书是苦事，故我一个人坐在学堂里温书念书，到天黑才回家。

禹臣先生接受家塾后，学生就增多了。先是五个，后来添到十多个，四叔家的小屋不够用了，就移到一所大屋——名叫来新书屋——里去。最初添的三个学生，有两个是守瓒叔的儿子——嗣昭、嗣逵。嗣昭比我大两三岁，天资不算笨，却不爱读书，最爱“逃学”，我们土话叫做“赖学”。他逃出去，往往躲在麦田或稻田里，宁可睡在田里挨饿，却不愿念书。先生往往差嗣秫去捉；有时候，嗣昭被捉回来了，总得挨一顿毒打；有时候，连嗣秫也不回来了——乐得不回来了，因为这是“奉命差遣”，不算是逃学！

我常觉得奇怪，为什么嗣昭要逃学？为什么一个人情愿挨饿，挨打，挨大家笑骂，而不情愿念书？后来我稍懂得世事，才明白了。瓒叔自小在江西做生意，后来在九江开布店，才娶妻生子；一家人都说江西话，回家乡时，嗣昭弟兄都不容易改口音；说话改了，而嗣昭念书常带江西音，常常因此吃戒方或吃“作瘤栗”（钩起五指，打在头上，常打起瘤子，故叫做“作瘤栗”）。这是先生不原谅，难怪他不愿念书。

还有一个原因。我们家乡的蒙馆学金太轻，每个学生每年只送两块银元。先生对于这一类学生，自然不肯耐心教书，每天只教他们念死书，背死书，从来不肯为他们“讲书”。小学生初念有韵的书，也还不十分叫苦。后来念《幼学琼林》《四书》一类的散文，他们自然毫不觉得有趣味，因为全不懂得书中说的是什么。因为这个缘故，许多学生常常赖学；先有嗣昭，后来有个士祥，都是有名的“赖学胚”。他们都属于这每年两元钱的阶级。因为逃学，先生生了气，打得更利害。越打得利害，他们越要逃学。

我一个人不属于这“两元”的阶级。我母亲渴望我读书，故学金特别优厚，第一年就送六块钱，以后每年增加，最后一年加到十二元。这样的学金，在家乡要算“打破纪录”的了。我母亲大概是受了我父亲的叮嘱，她嘱托四叔和禹臣先生为我“讲书”：每读一字，须讲一字的意思；每读一句，须讲一句的意思。我先已认得了近千个“方字”，每个字都经过父母的讲解，故进学堂之后，不觉得很苦。念的几本书虽然有许多是乡里先生讲不明白的，但每天总遇着几句可懂的话。我最喜欢朱子《小学》里的记述古人行事的部分，因为那些部分最容易懂得，所以比较最有趣味。同学之中有念《幼学琼林》的，我常常帮他们的忙，教他们不认得的生字，因此常常借这些书看；他们念大字，我却最爱看《幼学琼林》的小注，因为注文中有许多神话和故事，比《四书》《五经》有趣味多了。

有一天，一件小事使我忽然明白我母亲增加学金的大恩惠。一个同学的母亲来请禹臣先生代写家信给她的丈夫；信写成了，先生交她的儿子带回家去。一会儿，先生出门去了，这位同学把家信抽出来偷看。他忽然过来问我道："糜，这信上第一句'父亲大人膝下'是什么意思?"他比我只小一岁，也念过《四书》，却不懂"父亲大人膝下"是什么！这时候，我才明白我是一个受特别待遇的人，因为别人每年出两块钱，我去年却送十块钱。我一生最得力的是讲书：父亲母亲为我讲方字，两位先生为我讲书。念古文而不讲解，等于念"揭谛揭谛，波罗揭谛"，全无用处。

4

当我九岁时，有一天我在四叔家东边小屋里玩耍。这小屋前面是我们的学堂，后边有一间卧房，有客便住在这里。这一天没有课，我偶然走进那卧房里去，偶然看见桌子下一只美孚煤油板箱里的废纸堆中露出一本破书。我偶然捡起了这本书，两头都被老鼠咬坏了，书面也扯破了。但这一本破书忽然为我开辟了一个新天地，忽然在我的儿童生活史上打开了一个新鲜的世界！

这本破书原来是一本小字木板的《第五才子》，我记得很清楚，开始便是“李逵打死殷天锡”一回。我在戏台上早已认得李逵是谁了，便站在那只美孚破板箱边，把这本《水浒传》残本一口气看完了。不看尚可，看了之后，我的心里很不好过：这一本的前面是些什么？后面是些什么？这两个问题，我都不能回答，却最急要一个回答。

我拿了这本书去寻我的五叔，因为他最会“说笑话”（“说笑话”就是“讲故事”，小说书叫做“笑话书”），应该有这种笑话书。不料五叔竟没有这书，他叫我去寻宋焕哥。宋焕哥说，“我没有《第五才子》，我替你去借一部；我家中有部《第一才子》，你先拿去看，好吧？”《第一才子》便是《三国演义》，他很郑重地捧出来，我很高兴地捧回去。

后来我居然得着《水浒传》全部。《三国演义》也看完了。从此以后，我到处去借小说看。五叔、宋焕哥，都帮了我不少的忙。三姊夫（周绍瑾）在上海乡间周浦开店，他吸鸦片烟，最爱看小说书，带了不少回家乡；他每到我家来，总带些《正德皇帝下江南》《七剑十三侠》一类的书来送给我。这是我自己收藏小说的起点。我的大哥（嗣稼）最不长进，也是吃鸦片烟的，但鸦片烟灯是和小说书常作伴的——五叔、宋焕哥、三姊夫都是吸鸦片烟的——所以他也有一些小说书。大嫂认得一些字，嫁妆里带来了好几种弹词小说，如《双珠凤》之类。这些书不久都成了我的藏书的一部分。

三哥在家乡时多，他同二哥都进过梅溪书院，都做过南洋公学的师范生，旧学都有根柢，故三哥看小说很有选择。我在他书架上只寻得三部小说：一部《红楼梦》，一部《儒林外史》，一部《聊斋志异》。二哥有一次回家，带了一部新译出的《经国美谈》，讲的是古希腊的爱国志士的故事，是日本人做的。这是我读外国小说的第一步。

帮助我借小说最出力的是族叔近仁，就是民国十二年和顾颉刚先生讨论古史的胡堇人。他比我大几岁，已"开笔"做文章了，十几岁就考取了秀才。我同他不同学堂，但常常相见，成了最要好的朋友。他天才很高，也肯用功，读书比我多，家中也颇有藏书。他看过的小说，常借给我看。我借到的小说，也常借给他看。我们两人各有一个小手折，把看过的小说都记在上面，时时交换比较，看谁看的书多。这两个折子后来都不见了，但我记得离开家乡时，我的折子上好像已有了三十多部小说了。

这里所谓"小说"，包括弹词、传奇，以及笔记小说在内。《双珠凤》在内，《琵琶记》也在内；《聊斋》《夜雨秋灯录》《夜谭随笔》《兰苕馆外史》《寄园寄所寄》《虞初新志》等等也在内。从《薛仁贵征东》《薛丁山征西》《五虎平西》《粉妆楼》一类最无意义的小说，到《红楼梦》和

《儒林外史》一类的第一流作品，这里面的程度已是天悬地隔了。我到离开家乡时，还不能了解《红楼梦》和《儒林外史》的好处。但这一大类都是白话小说，我在不知不觉之中得了不少的白话散文的训练，在十几年后于我很有用处。

看小说还有一桩绝大的好处，就是帮助我把文字弄通顺了。那时正是废八股时文的时代，科举制度本身也动摇了。二哥三哥在上海受了时代思潮的影响，所以不要我“开笔”做八股文，也不要我学做策论经义。他们只要先生给我讲书，教我读书。但学堂里念的书，越到后来，越不好懂了。《诗经》起初还好懂，读到《大雅》，就难懂了；读到《周颂》，更不可懂了。《书经》有几篇，如《五子之歌》，我读得很起劲；但《盘庚》三篇，我总读不熟。我在学堂九年，只有《盘庚》害我挨了一次打。后来隔了十多年，我才知道《尚书》有今文和古文两大类，向来学者都说古文诸篇是假的，今文是真的；《盘庚》属于今文一类，应该是真的。但我研究《盘庚》用的代名词最杂乱不成条理，故我总疑心这三篇书是后人假造的。有时候，我自己想，我的怀疑《盘庚》，也许暗中含有报那一个“作瘤栗”的仇恨的意味罢？

《周颂》《尚书》《周易》等书都是不能帮助我作通顺文字的。但小说书却给了我绝大的帮助。从《三国演义》读到《聊斋志异》和《虞初新志》，这一跳虽然跳得太远，但因为书中的故事实在有趣味，所以我能细细读下去。石印本的

《聊斋志异》有圈点，所以更容易读。到我十二三岁时，已能对本家姊妹们讲说《聊斋》故事了。那时候，四叔的女儿巧菊，禹臣先生的妹子广菊、多菊，祝封叔的女儿杏仙，和本家侄女翠苹、定娇等，都在十五六岁之间；她们常常邀我去，请我讲故事。我们平常请五叔讲故事时，忙着替他点火，装旱烟，替他捶背。现在轮到我受人巴结了。我不用人装烟捶背，她们听我说完故事，总去泡炒米，或做蛋炒饭来请我吃。她们绣花做鞋，我讲《凤仙》《莲香》《张鸿渐》《江城》。这样的讲书，逼我把古文的故事翻译成绩溪土话，使我更了解古文的文理。所以我到十四岁来上海开始作古文时，就能做很像样的文字了。

5

我小时身体弱，不能跟着野蛮的孩子们一块儿玩。我母亲也不准我和他们乱跑乱跳。小时不曾养成活泼游戏的习惯，无论在什么地方，我总是文绉绉地。所以家乡老辈都说我“像个先生样子”，遂叫我做“穈先生”。这个绰号叫出去之后，人都知道三先生的小儿子叫做穈先生了。既有“先生”之名，我不能不装出点“先生”样子，更不能跟着顽童们“野”了。有一天，我在我家八字门口和一班孩子“掷铜钱”，一位老辈走过，见了我，笑道：“穈先生也掷铜钱吗？”

我听了羞愧得面红耳热，觉得大失了“先生”的身份！

大人们鼓励我装先生样子，我也没有嬉戏的能力和习惯，又因为我确是喜欢看书，所以我一生可算是不曾享过儿童游戏的生活。每年秋天，我的庶祖母同我到田里去“监割”（顶好的田，水旱无扰，收成最好，佃户每约田主来监割，打下谷子，两家平分），我总是坐在小树下看小说。十一二岁时，我稍活泼一点，居然和一群同学组织了一个戏剧班，做了一些木刀竹枪，借得了几付假胡须，就在村田里做戏。我做的往往是诸葛亮、刘备一类的文角儿；只有一次我做史文恭，被花荣一箭从椅子上射倒下去，这算是我最活泼的玩艺儿了。

我在这九年（1895—1904）之中，只学得了读书写字两件事。在文字和思想（看下章）的方面，不能不算是打了一点底子。但别的方面都没有发展的机会。有一次我们村里“当朋”（八都凡五村，称为“五朋”，每年一村轮着做太子会，名为“当朋”）筹备太子会，有人提议要派我加入前村的昆腔队里学习吹笙或吹笛。族里长辈反对，说我年纪太小，不能跟着太子会走遍五朋。于是我失掉了这学习音乐的唯一机会。三十年来，我不曾拿过乐器，也全不懂音乐；究竟我有没有一点学音乐的天资，我至今还不知道。至于学图画，更是不可能的事。我常常用竹纸蒙在小说书的石印绘像上，摹画书上的英雄美人。有一天，被先生看见了，挨了一顿大骂，抽屉里的图画都被搜出撕毁了。于是我又失掉了学做画家的机会。

但这九年的生活，除了读书看书之外，究竟给了我一点做人的训练。在这一点上，我的恩师就是我的慈母。

每天天刚亮时，我母亲就把我喊醒，叫我披衣坐起。我从不知道她醒来坐了多久了。她看我清醒了，才对我说昨天我做错了什么事，说错了什么话，要我认错，要我用功读书。有时候她对我说父亲的种种好处，她说："你总要踏上你老子的脚步。我一生只晓得这一个完全的人，你要学他，不要跌他的股。"（跌股便是丢脸、出丑）她说到伤心处，往往掉下泪来。到天大明时，她才把我的衣服穿好，催我去上早学。学堂门上的锁匙放在先生家里；我先到学堂门口一望，便跑到先生家里去敲门。先生家里有人把锁匙从门缝里递出来，我拿了跑回去，开了门，坐下念生书。十天之中，总有八九天我是第一个去开学堂门的。等到先生来了，我背了生书，才回家吃早饭。

我母亲管束我最严，她是慈母兼任严父。但她从来不在别人面前骂我一句，打我一下。我做错了事，她只对我一望，我看见了她的严厉眼光，就吓住了。犯的事小，她等到第二天早晨我眼醒时才教训我。犯的事大，她等到晚上人静时，关了房门，先责备我，然后行罚，或跪罚，或拧我的肉。无论怎样重罚，总不许我哭出声音来。她教训儿子不是借此出气叫别人听的。

有一个初秋的傍晚，我吃了晚饭，在门口玩，身上只穿着一件单背心。这时候我母亲的妹子玉英姨母在我家住，她怕我冷了，拿了一件小衫出来叫我穿上。我不肯穿，她说："穿上吧，凉了。"我随口回答："娘（凉）什么！老子都不老子呀。"我刚说了这句话，一抬头，看见母亲从家里走出，我赶快把小衫穿上。但她已听见这句轻薄的话了。晚上人静后，她罚我跪下，重重地责罚了一顿。她说："你没了老子，是多么得意的事！好用来说嘴！"她气得坐着发抖，也不许我上床去睡。我跪着哭，用手擦眼泪，不知擦进了什么微菌，后来足足害了一年多的眼翳病。医来医去，总医不好。我母亲心里又悔又急，听说眼翳可以用舌头舔去，有一夜她把我叫醒，她真用舌头舔我的病眼。这是我的严师，我的慈母。

我母亲二十三岁做了寡妇，又是当家的后母。这种生活的痛苦，我的笨笔写不出一万分之一二。家中财政本不宽裕，全靠二哥在上海经营调度。大哥从小就是败子，吸鸦片烟，赌博，钱到手就光，光了就回家打主意，见了香炉就拿出去卖，捞着锡茶壶就拿出去押。我母亲几次邀了本家长辈来，给他定下每月用费的数目。但他总不够用，到处都欠下烟债赌债。每年除夕我家中总有一大群讨债的，每人一盏灯笼，坐在大厅上不肯去。大哥早已避出去了。大厅的两排椅子上满满地都是灯笼和债主。我母亲走进走出，料理年夜饭，谢灶神，压岁钱等事，只当做不曾看见这一群人。到了近半夜，快要“封门”了，我母亲才走后门出去，央一位邻舍本家到我家来，每一家债户开发一点钱。做好做歹的，这一群讨债的才一个一个提着灯笼走出去。一会儿，大哥敲门回来了。我母亲从不骂他一句。并且因为是新年，她脸上从不露出一点怒色。这样的过年，我过了六七次。

大嫂是个最无能而又最不懂事的人，二嫂是个很能干而气量很窄小的人。她们常常闹意见，只因为我母亲的和气榜样，她们还不曾有公然相骂相打的事。她们闹气时，只是不说话，不答话，把脸放下来，叫人难看；二嫂生气时，脸色变青，更是怕人。她们对我母亲闹气时，也是如此。我起初全不懂得这一套，后来也渐渐懂得看人的脸色了。我渐渐明白，世间最可厌恶的事莫如一张生气的脸，世间最下流的事莫如把生气的脸摆给旁人看，这比打骂还难受。

我母亲的气量大，性子好，又因为做了后母后婆，她更事事留心，事事格外容忍。大哥的女儿比我只小一岁，她的饮食衣料总是和我的一样。我和她有小争执，总是我吃亏，母亲总是责备我，要我事事让她。后来大嫂二嫂都生了儿子了，她们生气时便打骂孩子来出气，一面打，一面用尖刻有刺的话骂给别人听。我母亲只装做不听见。有时候，她实在忍不住了，便悄悄走出门去，或到左邻立大嫂家去坐一会，或走后门到后邻度嫂家去闲谈。她从不和两个嫂子吵一句嘴。

每个嫂子一生气，往往十天半个月不歇，天天走进走出，板着脸，咬着嘴，打骂小孩子出气。我母亲只忍耐着，忍到实在不可再忍的一天，她也有她的法子。这一天的天明时，她就不起床，轻轻地哭一场。她不骂一个人，只哭她的丈夫，哭她自己苦命，留不住她丈夫来照管她。她先哭时，声音很低，渐渐哭出声来。我醒了起来劝她，她不肯住。这时候，我总听见前堂（二嫂住前堂东房）或后堂（大嫂住后堂西房）有一扇房门开了，一个嫂子走出房向厨房走去。不多一会，那位嫂子来敲我们的房门了。我开了房门，她走进来，捧着一碗热茶，送到我母亲床前，劝她止哭，请她喝口热茶。我母亲慢慢停住哭声，伸手接了茶碗。那位嫂子站着劝一会，才退出去。没有一句话提到什么人，也没有一个字提到这十天半个月来的气脸，然而各人心里明白，泡茶进来的嫂子总是那十天半个月来闹气的人。奇怪得很，这一哭之后，至少有一两个月的太平清静日子。

我母亲待人最仁慈，最温和，从来没有一句伤人感情的话。但她有时候也很有刚气，不受一点人格上的侮辱。我家五叔是个无正业的浪人，有一天在烟馆里发牢骚，说我母亲家中有事总请某人帮忙，大概总有什么好处给他。这句话传到了我母亲耳朵里，她气得大哭，请了几位本家来，把五叔喊来，她当面质问他她给了某人什么好处。直到五叔当众认错赔罪，她才罢休。

我在我母亲的教训之下住了九年，受了她的极大深刻的影响。我十四岁（其实只有十二岁零两三个月）就离开她了，在这广漠的人海里独自混了二十多年，没有一个人管束过我。如果我学得了一丝一毫的好脾气，如果我学得了一点点待人接物的和气，如果我能宽恕人，体谅人，——我都得感谢我的慈母。

十九，十一，廿一夜

此篇原载《新月》第3卷第3号

从拜神到无神

1

纷纷歌舞赛蛇虫，
酒醴牲牢告洁丰。
果有神灵来护佑，
天寒何故不临工？

这是我父亲在郑州办河工时（光绪十四年，1888 年）做的十首《郑工合龙纪事诗》的一首。他自己有注道："霜雪既降，凡俗所谓'大王''将军'代身临工者皆绝迹不复见矣。""大王""将军"都是祀典里的河神；河工区域内的水蛇虾蟆，往往被认为大王或将军的化身，往往享受最隆重的祠祭礼拜。河工是何等大事，而国家的治河官吏不能不向水蛇虾蟆磕头乞怜，真是一个民族的最大耻辱。我父亲这首诗不但公然指斥这种迷信，并且用了一个很浅近的证据，证明这种迷信的荒诞可笑。这一点最可表现我父亲的思想的倾向。

我父亲不曾受过近世自然科学的洗礼，但他很受了程颐、朱熹一系的理学的影响。理学家因袭了古代的自然主义的宇宙观，用“气”和“理”两个基本观念来解释宇宙，敢说“天即理也”，“鬼神者，二气（阴阳）之良能也”。这种思想，虽有不彻底的地方，很可以破除不少的迷信。况且程朱一系极力提倡“格物穷理”，教人“即物而穷其理”，这就是近世科学的态度。我父亲做的《原学》，开端便说：

天地氤氲，万物化生。

这是采纳了理学家的自然主义的宇宙观。他做的《学为人诗》的结论是：

为人之道，非有他术：
穷理致知，反躬践实，
黾勉于学，守道勿失。

这是接受了程朱一系格物穷理的治学态度。

这些话都是我四五岁时就念熟了的。先生怎样讲解，我记不得了；我当时大概完全不懂得这些话的意义。我父亲死得太早，我离开他时，还只是三岁小孩，所以我完全不曾受着他的思想的直接影响。他留给我的，大概有两方面：一方面是遗传，因为我是“我父亲的儿子”。一方面是他留下了一点程朱理学的遗风：我小时跟着四叔念朱子的《小学》，就是理学的遗风；四叔家和我家的大门上都贴着“僧道无缘”的条子，也就是理学家庭的一个招牌。

我记得我家新屋大门上的“僧道无缘”条子，从大红色褪到粉红，又渐渐变成了淡白色，后来竟完全剥落了。我家中的女眷都是深信神佛的。我父亲死后，四叔又上任做学官去了，家中的女眷就自由拜神佛了。女眷的宗教领袖是星五伯娘，她到了晚年，吃了长斋，拜佛念经，四叔和三哥（是她过继的孙子）都不能劝阻她，后来又添上了二哥的丈母，也是吃长斋念佛的，她常来我家中住。这两位老太婆做了好朋友，常劝诱家中的几房女眷信佛。家中人有病痛，往往请她们念经许愿还愿。

二哥的丈母颇认得字，带来了《玉历抄传》《妙庄王经》一类的善书，常给我们讲说目连救母游地府，妙庄王的公主（观音）出家修行等故事。我把她带来的书都看了，又在戏台上看了《观音娘出家》全本连台戏，所以脑子里装满了地狱的惨酷景象。

后来三哥得了肺痨病，生了几个孩子都不曾养大。星五伯娘常为三哥拜神佛，许愿，甚至于招集和尚在家中放焰口超度冤魂。三哥自己不肯参加行礼，伯娘常叫我去代替三哥跪拜行礼。我自己幼年身体也很虚弱，多病痛，所以我母亲也常请伯娘带我去烧香拜佛。依家乡的风俗，我母亲也曾把我许在观音菩萨座下做弟子，还给我取了一个佛名，上一字是个“观”字，下一字我忘了。我母亲爱我心切，时时教我拜佛拜神总须诚心敬礼。每年她同我上外婆家去，十里路上所过庙宇路亭，凡有神佛之处，她总教我拜揖。有一年我害肚痛，眼睛里又起翳，她代我许愿：病好之后亲自到古塘山观音菩萨座前烧香还愿。后来我病好了，她亲自跟伯娘带了我去朝拜古塘山。山路很难走，她的脚是终年疼的，但她为了儿子，步行朝山，上山时走几步便须坐下歇息，却总不说一声苦痛。我这时候自然也是很诚心地跟着她们礼拜。

我母亲盼望我读书成名，所以常常叮嘱我每天要拜孔夫子。禹臣先生学堂壁上挂着一幅朱印石刻的吴道子画的孔子像，我们每晚放学时总得对他拜一个揖。我到大姊家去拜年，看见了外甥章砚香（比我大几岁）供着一个孔夫子神龛，是用大纸匣子做的，用红纸剪的神位，用火柴盒子做的祭桌，桌子上贴着金纸剪的香炉烛台和供献，神龛外边贴着许多红纸金纸的圣庙匾额对联，写着“德配天地，道冠古今”一类的句子。我看了这神龛，心里好生羡慕，回到家里，也造了一座小庙。我在家中寻到了一只燕窝匣子，做了圣庙大庭；又把匣子中间挖空一方块，用一只小匣子糊上去，做了圣庙的内堂，堂上也设了祭桌、神位、香炉、烛台等。我在两厢又添设了颜渊、子路一班圣门弟子的神位，也都有小祭桌。我借得了一部《联语类编》，抄出了许多圣庙联匾句子，都用金银锡箔做成匾对，请近仁叔写了贴上。这一座孔庙很费了我不少的心思。我母亲见我这样敬礼孔夫子，她十分高兴，给我一张小桌子专供这神龛，并且给我一个铜香炉；每逢初一和十五，她总教我焚香敬礼。

这座小神庙，因为我母亲的加意保存，到我二十七岁从外国回家时，还不曾毁坏。但我的宗教虔诚却早已摧毁破坏了。我在十一二岁时便已变成了一个无神论者。

2

有一天，我正在温习朱子的《小学》，念到了一段司马温公的家训，其中有论地狱的话，说：

> 形既朽灭，神亦飘散，虽有剉烧舂磨，亦无所施……

我重读了这几句话，忽然高兴得直跳起来。《目连救母》《玉历抄传》等书里的地狱惨状，都呈现在我眼前，但我觉得都不怕了。放焰口的和尚陈设在祭坛上的十殿阎王的画像，和十八层地狱的种种牛头马面用钢叉把罪人叉上刀山，叉下油锅，抛下奈何桥去喂饿狗毒蛇——这种种惨状也都呈现在我眼前，但我现在觉得都不怕了。我再三念这句话："形既朽灭，神亦飘散，虽有剉烧舂磨，亦无所施。"我心里很高兴，真像地藏王菩萨把锡杖一指，打开地狱门了。

这件事我记不清在哪一年了，大概在十一岁时。这时候，我已能够自己看古文书了。禹臣先生教我看《纲鉴易知录》，后来又教我改看《御批通鉴辑览》。《易知录》有句读，故我不觉吃力。《通鉴辑览》须我自己用朱笔点读，故读得很迟缓。有一次二哥从上海回来，见我看《御批通鉴辑览》，他不赞成；他对禹臣先生说，不如看《资治通鉴》。于是我就点读《资治通鉴》了。这是我研究中国史的第一步。我不久便很喜欢这一类历史书，并且感觉朝代帝王年号的难记，就想编一部《历代帝王年号歌诀》！近仁叔很鼓励我做此事，我真动手编这部七字句的历史歌诀了。此稿已遗失了，我已不记得这件野心工作编到了哪一朝代。但这也可算是我的整理国故的破土工作。可是谁也想不到司马光的《资治通鉴》，竟会大大地影响我的宗教信仰，竟会使我变成一个无神论者。

有一天，我读到《资治通鉴》第一三六卷，有一段范缜（齐梁时代人，死时约在西历510年）反对佛教的故事，说：

> 缜著《神灭论》，以为“形者神之质，神者形之用也。神之于形，犹利之于刃。未闻刃没而利存，岂容形亡而神在哉?”此论出，朝野喧哗，难之，终不能屈。

我先已读司马光论地狱的话了，所以我读了这一段议论，觉得非常明白，非常有理。司马光的话教我不信地狱，范缜的话使我更进一步，就走了无鬼神的路。范缜用了一个譬喻，说形和神的关系就像刀子和刀口的锋利一样；没有刀子，便没有刀子的“快”了；那么，没有形体，还能有神魂吗？这个譬喻是很浅显的，恰恰合一个初开知识的小孩了的程度，所以我越想越觉得范缜说的有道理。司马光引了这三十五个字的《神灭论》，居然把我脑子里的无数鬼神都赶跑了。从此以后，我不知不觉地成了一个无鬼无神的人。

我那时并不知道范缜的《神灭论》全文载在《梁书》(卷四八）里，也不知道当时许多人驳他的文章保存在《弘明集》里。我只读了这三十五个字，就换了一个人。大概司马光也受了范缜的影响，所以有“形既朽灭，神亦飘散”的议论；大概他感谢范缜，故他编《通鉴》时，硬把《神灭论》摘了最精彩的一段，插入他的不朽的历史里。他决想不到，八百年后这三十五个字竟感悟了一个十二岁的小孩子，竟影响了他一生的思想。

《通鉴》又记述范缜和竟陵王萧子良讨论“因果”的事，

这一段在我的思想上也发生了很大的影响。原文如下：

> 子良笃好释氏，招致名僧，讲论佛法。道俗之盛，江左未有。或亲为众僧赋食行水，世颇以为失宰相体。
>
> 范缜盛称无佛。子良曰，“君不信因果，何得有富贵贫贱？”缜曰，“人生如树花同发，随风而散，或拂帘幌，坠茵席之上；或关篱墙，落粪溷之中。坠茵席者，殿下是也。落粪溷者，下官是也。贵贱虽复殊途，因果竟在何处？”子良无以难。

这一段议论也只是一个譬喻，但我当时读了只觉得他说的明白有理，就熟读了记在心里。我当时实在还不能了解范缜的议论的哲学意义。他主张一种“偶然论”，用来破坏佛教的果报轮回说。我小时听惯了佛家果报轮回的教训，最怕来世变猪变狗，忽然看见了范缜不信因果的譬喻，我心里非常高兴，胆子就大得多了。他和司马光的神灭论教我不怕地狱，他的无因果论教我不怕轮回。我喜欢他们的话，因为他们教我不怕。我信服他们的话，因为他们教我不怕。

3

我的思想经过了这回解放之后，就不能虔诚拜神拜佛了。但我在我母亲面前，还不敢公然说出不信鬼神的议论。她叫我上分祠里去拜祖宗，或去烧香还愿，我总不敢不去，满心里的不愿意，我终不敢让她知道。

我十三岁的正月里，到大姊家去拜年，住了几天。到十五日早晨，才和外甥砚香回我家去看灯。他家的一个长工挑着新年糕饼等物事，跟着我们走。

半路上到了中屯外婆家，我们进去歇脚，吃了点心，又继续前进。中屯村口有个三门亭，供着几个神像。我们走进亭子，我指着神像对砚香说，“这里没有人看见，我们来把这几个烂泥菩萨拆下来抛到茅厕里去，好吗?”

这样突然主张毁坏神像，把我的外甥吓住了。他虽然听我说过无鬼无神的话，却不曾想到我会在这路亭里提议实行捣毁神像。他的长工忙劝阻我道：“糜舅，菩萨是不能得罪的。”我听了这话，更不高兴，偏要拾石子去掷神像。恰好村子里有人下来了，砚香和那长工就把我劝走了。

我们到了我家中，我母亲煮面给我们吃，我刚吃了几筷子，听见门外锣鼓响，便放下面，跑出去看舞狮子了。这一天来看灯的客多，家中人都忙着照料客人，谁也不来管我吃了多少面，我陪着客人出去玩，也就忘了肚子饿了。

晚上陪客人吃饭，我也喝了一两杯烧酒。酒到了饿肚子里，有点作怪。晚饭后，我跑出大门外，被风一吹，我有点醉了，便喊道：“月亮，月亮，下来看灯！”别人家的孩子也跟着喊，“月亮，月亮，下来看灯！”

门外的喊声被屋里人听见了，我母亲叫人来唤我回去。

我怕她责怪，就跑出去了。来人追上去，我跑得更快。有人对我母亲说，我今晚上喝了烧酒，怕是醉了。我母亲自己出来唤我，这时候我已被人追回来了。但跑多了，我真有点醉了，就和他们抵抗，不肯回家。母亲抱住我，我仍喊着要月亮下来看灯。许多人围拢来看，我仗着人多，嘴里仍旧乱喊。母亲把我拖进房里，一群人拥进房来看。

这时候，那位跟我们来的章家长工走到我母亲身边，低低地说："外婆（他跟着我的外甥称呼），糜舅今夜怕不是吃醉了吧？今天我们从中屯出来，路过三门亭，糜舅要把那几个菩萨拖下来丢到茅厕里去。他今夜嘴里乱说话，怕是得罪了神道，神道怪下来了。"

这几句话，他低低地说，我靠在母亲怀里，全听见了。我心里正怕喝醉了酒，母亲要责罚我；现在我听了长工的话，忽然想出了一条妙计。我想："我胡闹，母亲要打我；菩萨胡闹，她不会责怪菩萨。"于是我就闹得更凶，说了许多疯话，好像真有鬼神附在我身上一样！

我母亲着急了，叫砚香来问，砚香也说我日里的确得罪了神道。母亲就叫别人来抱住我，她自己去洗手焚香，向空中祷告三门亭的神道，说我年小无知，触犯了神道，但求神道宽洪大量，不计较小孩子的罪过，宽恕了我。我们将来一定亲到三门亭去烧香还愿。

这时候，邻舍都来看我，挤满了一屋子的人，有些妇女提着"火篅"（徽州人冬天用瓦垆装炭火，外面用篾丝作篮子，可以随身携带，名为火箭），房间里闷热得很。我热得脸都红了，真有点像醉人。

忽然门外有人来报信，说，“龙灯来了，龙灯来了！”男男女女都往外跑，都想赶到十字街口去等候看灯。一会儿，一屋子的人都散完了，只剩下我和母亲两个人。房里的闷热也消除了，我也疲倦了，就不知不觉地睡着了。

母亲许的愿好像是灵应了。第二天，她教训了我一场，说我不应该瞎说，更不应该在神道面前瞎说。但她不曾责罚我，我心里高兴，万想不到我的责罚却在一个月之后。

过了一个月，母亲同我上中屯外婆家去。她拿出钱来，在外婆家办了猪头供献，备了香烛纸钱，她请我母舅领我到三门亭里去谢神还愿。我母舅是个虔诚的人，她恭恭敬敬的摆好供献，点起香烛，陪着我跪拜谢神。我忍住笑，恭恭敬敬地行了礼——心里只怪我自己当日扯谎时，不曾想到这样比挨打还更难为情的责罚！

直到我二十七岁回家时，我才敢对母亲说那一年元宵节，附在我身上胡闹的不是三门亭的神道，只是我自己。母亲也笑了。

十九，十二，廿五　在北京

此篇原载《新月》第3卷第4号

在上海（一）

1

光绪甲辰年（1904）的春天，三哥的肺病已到了很危险的时期，他决定到上海去医治。我母亲也决定叫我跟他到上海去上学。那时我名为十四岁，其实只有十二岁有零。这一次我和母亲分别之后，十四年之中，我只回家三次，和她在一块的时候还不满六个月。她只有我一个人，只因为爱我太深，望我太切，所以她硬起心肠，送我向远地去求学。临别的时候，她装出很高兴的样子，不曾掉一滴眼泪。我就这样出门去了，向那不可知的人海里，去寻求我自己的教育和生活，——孤零零的一个小孩子，所有的防身之具只是一个慈母的爱，一点点用功的习惯，和一点点怀疑的倾向。

我在上海住了六年（1904—1910），换了四个学校（梅溪学堂、澄衷学堂、中国公学、中国新公学）。这是我一生的第二个阶段。

我父亲生平最佩服一个朋友——上海张焕纶先生（字经甫）。张先生是提倡新教育最早的人，他自己办了一个梅溪书院，后来改做梅溪学堂。二哥三哥都在梅溪书院住过，所以我到了上海也就进了梅溪学堂，我只见过张焕纶先生一次，不久他就死了。现在谈中国教育史的人，很少能知道这一位新教育的老先锋了。他死了二十二年之后，我在巴黎见着赵诒璹先生（字颂南，无锡人），他是张先生的得意学生，他说他在梅溪书院很久，最佩服张先生的人格，受他的感化最深。他说，张先生教人的宗旨只是一句话："千万不要仅仅做个自了汉。"我在巴黎乡间的草地上，听着赵先生谈话，想着赵先生夫妇的刻苦生活和奋斗精神，——这时候，我心里想：张先生的一句话影响了他的一个学生的一生，张先生的教育事业不算是失败。

梅溪学堂的课程是很不完备的，只有国文、算学、英文三项。分班的标准是国文程度。英文算学的程度虽好，国文不到头班，仍不能毕业。国文到了头班，英文算学还很幼稚，却可以毕业。这个办法虽然不算顶好，但这和当时教会学堂的偏重英文，都是过渡时代的特别情形。

我初到上海的时候，全不懂上海话。进学堂拜见张先生时，我穿着蓝呢的夹袍，绛色呢大袖马褂，完全是个乡下人。许多小学生围拢来看我这乡下人。因为我不懂话，又不曾“开笔”做文章，所以暂时编在第五班，差不多是最低的一班。班上读的是文明书局的《蒙学读本》，英文班上用《华英初阶》，算学班上用《笔算算学》。

我是读了许多古书的，现在读《蒙学读本》，自然毫不费力，所以有功夫专读英文算学。这样过了六个星期。到了第四十二天，我的机会来了。教《蒙学读本》的沈先生大概也瞧不起这样浅近的书，更料不到这班小孩子里面有人起来驳正他的错误。这一天，他讲的一课书里有这样一段引语：

> 传曰：二人同心，其利断金。同心之言，其臭如兰。

沈先生随口说这是《左传》上的话。我那时已勉强能说几句上海话了，等他讲完之后，我拿着书，走到他的桌边，低声对他说，这个“传曰”是《易经》的《系辞传》，不是《左传》。先生脸红了，说：“侬读过《易经》?”我说读过。他又问：“阿曾读过别样经书?”我说读过《诗经》《书经》《礼记》。他问我做过文章没有，我说没有做过。他说，“我出个题目，拨侬做做试试看”。他出了“孝弟说”三个字，我回到座位上，勉强写了一百多字，交给先生看。他看了对我说：

“侬跟我来。”我卷了书包，跟他下楼走到前厅。前厅上东面是头班，西面是二班。沈先生到二班课堂上，对教员顾先生说了一些话，顾先生就叫我坐在末一排的桌子上。我才知道我一天之中升了四班，居然做第二班的学生了。

可是我正在欢喜的时候，抬头一看，就得发愁了。这一天是星期四，是作文的日子。黑板上写着两个题目：

论题：原日本之所由强。

经义题：古之为关也将以御暴，今之为关也将以为暴。

我从来不知道“经义”是怎样做的，所以想都不敢去想他。可是日本在天南地北，我还不很清楚，这个“原日本之所由强”又从哪里说起呢？既不敢去问先生，班上同学又没有一个熟人，我心里颇怪沈先生太卤莽，不应该把我升得这么高，这么快。

忽然学堂的茶房走到厅上来，对先生说了几句话，呈上一张字条。先生看了字条，对我说，我家中有要紧事，派了人来领我回家，卷子可以带回去做，下星期四交卷。我正在着急，听了先生的话，抄了题目，逃出课堂，赶到门房，才知道三哥病危，二哥在汉口没有回来，店里（我家那时在上海南市开一个公义油栈）的管事慌了，所以派人来领我回去。

我赶到店里，三哥还能说话。但不到几个钟头，他就死了，死时他的头还靠在我手腕上。第三天，二哥从汉口赶到。丧事办了之后，我把升班的事告诉二哥，并且问他“原日本之所由强”一个题目应该参考一些什么书。二哥检了《明治维新三十年史》、壬寅《新民丛报汇编》……一类的书，装了一大篮，叫我带回学堂去翻看。费了几天的功夫，才勉强凑了一篇论说交进去。不久我也会做经义了。几个月之后，我居然算是头班学生了，但英文还不曾读完《华英初阶》，算学还只做到“利息”。

这一年梅溪学堂改为梅溪小学，年底要办毕业第一班。我们听说学堂里要送张在贞、王言、郑璋和我四个人到上海道衙门去考试。我和王郑二人都不愿意去考试，都不等到考试日期，就离开学堂了。

为什么我们不愿受上海道的考试呢？这一年之中，我们都经过了思想上的一种激烈变动，都自命为“新人物”了。二哥给我的一大篮子的“新书”，其中很多是梁启超先生一派人的著述，这时代是梁先生的文章最有势力的时代，他虽不曾明白提倡种族革命，却在一班少年人的脑海里种下了不少革命种子。有一天，王言君借来了一本邹容的《革命军》，我们几个人传观，都很受感动。借来的书是要还人的，所以我们到了晚上，等舍监查夜过去之后，偷偷起来点着蜡烛，轮流抄了一本《革命军》。正在传抄《革命军》的少年，怎肯投到官厅去考试呢？

这一年是日俄战争的第一年。上海的报纸上每天登着很详细的战争新闻，爱看报的少年学生都感觉绝大的兴奋，这时候中国的舆论和民众心理都表同情于日本，都痛恨俄国，又都痛恨清政府的宣告中立。仇俄的心理增加了不少排满的心理。这一年，上海发生了几件刺激人心的案子。一件是革命党万福华在租界内枪击前广西巡抚王之春，因为王之春从前是个联俄派。一件是上海黄浦滩上一个宁波木匠周生有，被一个俄国水兵无故砍杀。这两件事都引起上海报社的注意；尤其是那年新出现的《时报》，天天用简短沉痛的时评替周生有喊冤，攻击上海的官厅。我们少年人初读这种短评，没有一个不受刺激的。周生有案的判决使许多人失望。我和王言、郑璋三个人都恨极了上海道袁海观，所以联合写了一封长信去痛骂他。这封信是匿名的，但我们总觉得不愿意去受他的考试。所以我们三个人都离开梅溪学堂了（王言是黟县人，后来不知下落了；郑璋是潮阳人，后改名仲诚，毕业于复旦，不久病死）。

2

我进的第二个学堂是澄衷学堂。这学堂是宁波富商叶成忠先生创办的，原来的目的是教育宁波的贫寒子弟；后来规模稍大，渐渐成了上海一个有名的私立学校，来学的人便不限止于宁波人了。这时候的监督是章一山先生，总教是白振民先生。白先生和我二哥是同学，他看见了我在梅溪作的文字，劝我进澄衷学堂。光绪乙巳年（1905），我就进了澄衷学堂。

澄衷共有十二班，课堂分东西两排，最高一班称为东一斋，第二班为西一斋，以下直到西六斋。这时候还没有严格规定的学制，也没有什么中学小学的分别。用现在的名称来分，可算前六班为中学，其余六班为小学。澄衷的学科比较完全多了，国文、英文、算学之外，还有物理、化学、博物、图画诸科。分班略依各科的平均程度，但英文、算学程度过低的都不能入高班。

我初进澄衷时，因英文、算学太低，被编在东三斋（第五班）。下半年便升入东二斋（第三班），第二年（丙午，1906）又升入西一斋（第二班）。澄衷管理很严，每月有月考，每半年有大考，月考大考都出榜公布，考前三名的有奖品。我的考试成绩常常在第一，故一年升了四班。我在这一年半之中，最有进步的是英文、算学。教英文的谢昌熙先生、陈诗豪先生、张镜人先生，教算学的郁耀卿先生，都给了我很多的益处。

我这时候对于算学最感兴趣，常常在宿舍熄灯之后，起来演习算学问题。卧房里没有桌子，我想出一个法子来，把蜡烛放在帐子外床架上，我伏在被窝里，仰起头来，把石板放在枕头上做算题。因为下半年就要跳过一班，所以我须要自己补习代数。我买了一部丁福保先生编的代数书，在一个夏天把初等代数习完了，下半年安然升班。

这样的用功，睡眠不够，就影响到身体的健康。有一个时期，我的两只耳朵几乎全聋了。但后来身体渐渐复原，耳朵也不聋了。我小时身体多病，出门之后，逐渐强健。重要的原因我想是因为我在梅溪和澄衷两年半之中从来不曾缺一点钟体操的功课。我从来没有加入竞赛的运动，但我上体操，总很用气力做种种动作。

澄衷的教员之中，我受杨千里先生（天骥）的影响最大。我在东三斋时，他是西二斋的国文教员，人都说他思想很新。我去看他，他很鼓励我，在我的作文稿本上题了“言论自由”四个字。后来我在东二斋和西一斋，他都做过国文教员。有一次，他教我们班上买吴汝纶删节的严复译本《天演论》来做读本，这是我第一次读《天演论》，高兴得很。他出的作文题目也很特别，有一次的题目是“物竞天择，适者生存，试申其义”（我的一篇，前几年澄衷校长曹锡爵先生和现在的校长葛祖兰先生曾在旧课卷内寻出，至今还保存在校内）。这种题目自然不是我们十几岁小孩子能发挥的，但读《天演论》，做“物竞天择”的文章，都可以代表那个时代的风气。

《天演论》出版之后，不上几年，便风行全国，竟做了中学生的读物了。读这书的人，很少能了解赫胥黎在科学史和思想史上的贡献。他们能了解的只是那“优胜劣败”的公式在国际政治上的意义。在中国屡次战败之后，在庚子辛丑大耻辱之后，这个“优胜劣败，适者生存”的公式确是一种当头棒喝，给了无数人一种绝大的刺激。几年之中，这种思想像野火一样，延烧着许多少年人的心和血。“天演”“物竞”“淘汰”“天择”等等术语，都渐渐成了报纸文章的熟语，渐渐成了一班爱国志士的“口头禅”。还有许多人爱用这种名词做自己或儿女的名字。陈炯明不是号竞存吗？我有两个同学，一个叫孙竞存，一个叫杨天择。我自己的名字也是这种风气底下的纪念品。我在学堂里的名字是胡洪骍。有一天的早晨，我请我二哥代我想一个表字，二哥一面洗脸，一面说：“就用‘物竞天择，适者生存’的‘适’字，好不好？”我很高兴，就用“适之”二字（二哥字绍之，三哥字振之）。后来我发表文字，偶然用“胡适”作笔名，直到考试留美官费时（1910）我才正式用胡适的名字。

我在澄衷一年半，看了一些课外的书籍。严复译的《群己权界论》，像是在这时代读的。严先生的文字太古雅，所以少年人受他的影响没有梁启超的影响大。梁先生的文章，明白晓畅之中，带着浓挚的热情，使读的人不能不跟着他走，不能不跟着他想。有时候，我们跟他走到一点上，还想往前走，他却打住了，或是换了方向走了。在这种时候，我们不免感觉一点失望。但这种失望也正是他的大恩惠。因为他尽了他的能力，把我们带到了一个境界，原指望我们感觉不满足，原指望我们更朝前走。跟着他走，我们固然得感谢他；他引起了我们的好奇心，指着一个未知的世界叫我们自己去探寻，我们更得感谢他。

我个人受了梁先生无穷的恩惠。现在追想起来，有两点最分明。第一是他的《新民说》，第二是他的《中国学术思想变迁之大势》。梁先生自号"中国之新民"，又号"新民子"，他的杂志也叫做《新民丛报》，可见他的全部心思贯注在这一点。"新民"的意义是要改造中国的民族，要把这老大的病夫民族，改造成一个新鲜活泼的民族。他说：

> 未有四肢已断，五脏已瘵，筋脉已伤，血轮已涸，而身犹能存者；则亦未有其民愚陋怯弱涣散混浊而国犹能立者……苟有新民，何患无新制度，无新政府，无新国家！（《新民说》叙论）

他的根本主张是：

> 吾思之，吾重思之，今日中国群治之现象殆无一不

当从根抵处摧陷廓清，除旧而布新者也。(《新民议》)

说得更沉痛一点：

然则救危亡求进步之道将奈何？曰，必取数千年横暴混浊之政体，破碎而齑粉之，使数千万如虎如狼如蝗如蝻如蜮如蛆之官吏失其社鼠城狐之凭借。然后能涤荡肠胃以上于进步之途也！必取数千年腐败柔媚之学说，廓清而辞辟之，使数百万如蠹鱼如鹦鹉如水母如畜犬之学子毋得摇笔弄舌舞文嚼字，为民贼之后援，然后能一新耳目以行进步之实也！而其所以达此目的之方法有二：一曰无血之破坏，二曰有血之破坏……中国如能为无血之破坏乎？吾馨香而祝之。中国如不能不为有血之破坏乎？吾衰绖而哀之。(《新民说·论进步》)

我们在那个时代读这样的文字，没有一个人不受他的震荡感动的。他在那个时代（我那时读的是他在壬寅癸卯做的文字）主张最激烈，态度最鲜明，感人的力量也最深刻。他很明白地提出一个革命的口号：

破坏亦破坏，不破坏亦破坏！(同上)

后来他虽然不坚持这个态度了，而许多少年人却冲上前去，不肯缩回来了。

《新民说》的最大贡献在于指出中国民族缺乏西洋民族的许多美德。梁先生很不客气地说：

> 五色人相比较，白人最优。以白人相比较，条顿人最优。以条顿人相比较，盎格鲁撒逊人最优。(《叙论》)

他指出我们所最缺乏而最须采补的是公德，是国家思想，是进取冒险，是权利思想，是自由，是自治，是进步，是自尊，是合群，是生利的能力，是毅力，是义务思想，是尚武，是私德，是政治能力。他在这十几篇文字里，抱着满腔的血诚，怀着无限的信心，用他那支“笔锋常带情感”的健笔，指挥那无数的历史例证，组织成那些能使人鼓舞，使人掉泪，使人感激奋发的文章。其中如《论毅力》等篇，我在二十五年后重读，还感觉到他的魔力。何况在我十几岁最容易受感动的时期呢？

《新民说》诸篇给我开辟了一个新世界，使我彻底相信中国之外还有很高等的民族，很高等的文化；《中国学术思想变迁之大势》也给我开辟了一个新世界，使我知道《四书》《五经》之外中国还有学术思想。梁先生分中国学术思想史为七个时代：

一、胚胎时代——春秋以前

二、全盛时代——春秋末及战国

三、儒学统一时代——两汉

四、老学时代——魏晋

五、佛学时代——南北朝，唐

六、儒佛混合时代——宋元明

七、衰落时代——近二百五十年

我们现在看这个分段，也许不能满意（梁先生自己后来也不满意，他在《清代学术概论》里，已不认近二五〇年为衰落时代了）。但在二十五年前，这是第一次用历史眼光整理中国旧学术思想，第一次给我们一个“学术史”的见解。所以我最爱读这篇文章。不幸梁先生做了几章之后，忽然停止了，使我大失所望。甲辰以后，我在《新民丛报》上见他续作此篇，我高兴极了。但我读了这篇长文，终感觉不少的失望。第一，他说“全盛时代”，说了几万字的绪论，却把“本论”（论诸家学说之根据及其长短得失）全搁下了，只注了一个“阙”字。他后来只补作了《子墨子学说》一篇，其余各家始终没有补。第二，“佛学时代”一章的本论一节也全没有做。第三，他把第六个时代（宋元明）整个搁起不提。这一学术思想史中间缺了三个最要紧的部分，使我眼巴巴地望了几年。我在那失望的时期，自己忽发野心，心想：“我将来若能替梁任公先生补作这几章缺了的中国学术思想史，岂不是很光荣的事业?”我越想越高兴，虽然不敢告诉人，却真打定主意做这件事了。

这一点野心就是我后来做《中国哲学史》的种子。我从那时候起，就留心读周秦诸子的书。我二哥劝我读朱子的《近思录》，这是我读理学书的第一部。梁先生的《德育鉴》和《节本明儒学案》，也是这个时期出来的。这些书引我去读宋明理学书，但我读的并不多，只读了王守仁的《传习录》和《正谊堂丛书》内的程朱语录。

我在澄衷的第二年，发起各斋组织“自治会”。有一次，我在自治会演说，题目是“论性”。我驳孟子性善的主张，也不赞成荀子的性恶说。我承认王阳明的性“无善无恶，可善可恶”是对的。我那时正读英文的《格致读本》（The Science Readers），懂得了一点点最浅近的科学知识，就搬出来应用了！孟子曾说：

> 人性之善也，犹水之就下也。人无有不善，水无有不下。

我说：孟子不懂得科学——我们在那时候还叫做“格致”——不知道水有保持水平的道理，又不知道地心吸力的道理。“水无有不下”，并非水性向下，只是地心吸力引他向下。吸力可以引他向下，高明的蓄水塔也可以使自来水管里的水向上。水无上无下，只保持他的水平，却又可上可下，正像人性本无善无恶，却又可善可恶！

我这篇性论很受同学的欢迎，我也很得意，以为我真用科学证明告了王阳明的性论了！

我在澄衷只住了一年半，但英文和算学的基础都是在这里打下的。澄衷的好处在于管理的严肃，考试的认真。还有一桩好处，就是学校办事人真能注意到每个学生的功课和品行。白振民先生自己虽不教书，却认得个个学生，时时叫学生去问话。因为考试的成绩都有很详细的记录，故每个学生的能力都容易知道。天资高的学生，可以越级升两班；中等的可以半年升一班；下等的不升班，不升班就等于降半年了。这种编制和管理，是很可以供现在办中学的人参考的。

我在西一斋做了班长，不免有时和学校办事人冲突。有一次，为了班上一个同学被开除的事，我向白先生抗议无效，又写了一封长信去抗议。白先生悬牌责备我，记我大过一次。我虽知道白先生很爱护我，但我当时心里颇感觉不平，不愿继续在澄衷了。恰好夏间中国公学招考，有朋友劝我去考；考取之后，我就在暑假后（1906 年）搬进中国公学去了。

廿，三，十八　北京

此篇原载《新月》第 3 卷第 7 号

在上海（二）

1

中国公学是因为光绪乙巳年（1905）日本文部省颁布取缔中国留学生规则，我国的留日学生认为侮辱中国，其中一部分愤慨回国的人在上海创办的。当风潮最烈的时候，湖南陈天华投海自杀，勉励国人努力救国，一时人心大震动，所以回国的很多。回国之后，大家主张在国内办一个公立的大学。乙巳十二月中，十三省的代表全体会决议，定名为“中国公学”。次年（丙午，1906）春天在上海新靶子路黄板桥北租屋开学。但这时候反对取缔规则的风潮已渐渐松懈了，许多官费生多回去复学了。上海那时还是一个眼界很小的商埠，看见中国公学里许多剪发洋装的少年人自己办学堂，都认为是奇怪的事。政府官吏疑心他们是革命党，社会叫他们做怪物。所以赞助捐钱的人很少，学堂开门不到一个半月，就陷入了绝境。公学的干事姚弘业先生（湖南益阳人）激于义愤，遂于三月十二日投江自杀，遗书几千字，说，“我之死，为中国公学死也”。遗书发表之后，舆论都对他表敬意，社会受了一大震动，赞助的人稍多，公学才稍稍站得住。

我也是当时读了姚烈士的遗书大受感动的一个小孩子。夏天我去投考，监考的是总教习马君武先生。国文题目是“言志”，我不记得说了一些什么，后来马君武先生告诉我，他看了我的卷子，拿去给谭心休、彭施涤先生传观，都说是为公学得了一个好学生。

我搬进公学之后，见许多同学都是剪了辫子，穿着和服，拖着木屐的；又有一些是内地刚出来的老先生，带着老花眼镜，捧着水烟袋的。他们的年纪都比我大得多；我是做惯班长的人，到这里才感觉到我是个小孩子。不久，我已感得公学的英文数学都很浅，我在甲班里很不费气力。那时候，中国教育界的科学程度太浅，中国公学至多不过可比现在的两级中学程度，然而有好几门功课都不能不请日本教员来教。如高等代数、解析几何、博物学，最初都是日本人教授，由懂日语的同学翻译。甲班的同学有朱经农、李琴鹤等，都曾担任翻译。又有几位同学还兼任学校的职员或教员，如但懋辛便是我们的体操教员。当时的同学和我年纪不相上下的，只有周烈忠、李骏、孙粹存、孙竞存等几个人。教员和年长的同学都把我们看作小弟弟，特别爱护我们，鼓励我们。我和这一班年事稍长，阅历较深的师友们往来，受他们的影响最大。我从小本来就没有过小孩子的生活，现在天天和这班年长的人在一块，更觉得自己不是个小孩子了。

中国公学的教职员和同学之中，有不少的革命党人。所以在这里要看东京出版的《民报》，是最方便的。暑假年假中，许多同学把《民报》缝在枕头里带回内地去传阅。还有一些激烈的同学往往强迫有辫子的同学剪去辫子。但我在公学三年多，始终没有人强迫我剪辫，也没有人劝我加入同盟会。直到二十年后，但懋辛先生才告诉我，当时校里的同盟会员曾商量过，大家都认为我将来可以做学问，他们要爱护我，所以不劝我参加革命的事。但在当时，他们有些活动也并不瞒我。有一晚十点钟的时候，我快睡了，但君来找我，说，有个女学生从日本回国，替朋友带了一只手提小皮箱，江海关上要检查，她说没有钥匙，海关上不放行。但君因为我可以说几句英国话，要我到海关上去办交涉。我知道箱子里是危险的违禁品，就跟了他到海关码头，这时候已过十一点钟，谁都不在了，我们只好怏怏回去。第二天，那位女学生也走了，箱子她丢在关上不要了。

我们现在看见上海各学校都用国语讲授，决不能想象二十年的上海还完全是上海话的世界，各学校全用上海话教书，学生全得学上海话。中国公学是第一个用“普通话”教授的学校。学校里的学生，四川、湖南、河南、广东的人最多，其余各省的人也差不多全有。大家都说“普通话”，教员也用“普通话”。江浙的教员，如宋耀如、王仙华、沈翔云诸先生，在讲堂上也都得勉强说官话。我初入学时，只会说徽州话和上海话；但在学校不久也就会说“普通话”了。我的同学中四川人最多；四川话清楚干净，我最爱学他，所以我说的普通话最近于四川话。二三年后，我到四川客栈（元记、厚记等）去看朋友，四川人只问，“贵府是川东，是川南?”他们都把我看成四川人了。

中国公学创办的时候，同学都是创办人。职员都是同学中举出来的，所以没有职员和学生的界限。当初创办的人都有革命思想，想在这学校里试行一种民主政治的制度。姚弘业烈士遗书中所谓“以大公无我之心，行共和之法”，即是此意。全校的组织分为“执行”与“评议”两部。执行部的职员（教务干事、庶务干事、斋务干事）都是评议部举出来的，有一定的任期，并且对于评议部要负责任。评议部是班长和室长组织成的，有监督和弹劾职员之权。评议会开会时，往往有激烈的辩论，有时直到点名熄灯时方才散会。评议会之中，最出名的是四川人龚从龙，口齿清楚，态度从容，是一个好议长。这种训练是有益的。我年纪太小，第一年不够当评议员，有时在门外听听他们的辩论，不禁感觉我们在澄衷学堂的自治会真是儿戏。

2

我第一学期住的房间里，有好几位同学都是江西萍乡和湖南醴陵人，他们都是邻县人，说的话我听不大懂。但不到一个月，我们很相熟了。他们都是二三十岁的人了；有一位钱文恢（号古愚）已有胡子，人叫他钱胡子。他告诉我，他们现在组织了一个学会，叫做竞业学会，目的是“对于社会，竞与改良；对于个人，争自濯磨”，所以定了这个名字。他介绍我进这个会，我答应了。钱君是会长，他带我到会所里去，给我介绍了一些人。会所在校外北四川路厚福里。会中住的人大概多是革命党。有个杨卓林，还有个廖德璠，后来都是因谋革命被杀的。会中办事最热心的人，钱君之外，有谢寅杰和丁洪海两君，他两人维持会务最久。

竞业学会的第一件事业就是创办一个白话的旬报，就叫做《竞业旬报》。他们请了一位傅君健先生（号钝根）来做编辑。旬报的宗旨，傅君说，共有四项：一振兴教育，二提倡民气，三改良社会，四主张自治。其实这都是门面话，骨子里是要鼓吹革命。他们的意思是要“传布于小学校之青年国民”，所以决定用白话文。胡梓方先生（后来的诗人胡诗庐）作《发刊词》，其中有一段说：

> 今世号通人者，务为艰深之文，陈过高之义，以为士大夫劝，而独不为彼什伯千万倍里巷乡间之子计，则是智益智，愚益愚，智日少，愚日多也。顾可为治乎哉？

又有一位会员署名“大武”，作文《论学官话的好处》，说：

> 诸位呀，要救中国，先要联合中国的人心。要联合中国的人心，先要统一中国的言语……但现今中国的语言也不知有多少种，如何叫他们合而为一呢？……除了通用官话，更别无法子了。但是官话的种类也很不少，有南方官话，有北方官话，有北京官话。现在中国全国通行官话，只须摹仿北京官话，自成一种普通国语哩。

这班人都到过日本，又多数是中国公学的学生，所以都感觉“普通国语”的需要。“国语”一个目标，屡见于《竞业旬报》的第一期，可算是提倡最早的了。

《竞业旬报》的第一期是丙午年（1906）九月十一日出版的。同住的钟君见我常看小说，又能作古文，就劝我为《旬报》作白话文。第一期里有我的一篇通俗《地理学》，署名“期自胜生”。那时候我正读《老子》，爱上了“自胜者强”一句话，所以取了个别号叫“希强”，又自称“期自胜生”。这篇文字是我的第一篇白话文字，所以我抄其中说“地球是圆的”一段在这里做一个纪念：

> 譬如一个人立在海边，远远地望这来往的船只。那来的船呢，一定是先看见它的桅杆顶，以后方能看见它的风帆，它的船身一定在最后方可看见。那去的船呢，却恰恰与来的相反，它的船身一定先看不见，然后看不见它的风帆，直到后来方才看不见它的桅杆顶。这是什么缘故呢？因为那地是圆的，所以来的船在那地的低处慢慢行上来，我们看去自然先看见那桅杆顶了。那去的船也是这个道理，不过同这相反罢了。诸君们如再不相信，可提一只苍蝇摆在一只苹果上，叫他从下面爬到上面来，可不是先看见他的头然后再看见他的脚么？

这段文字已充分表现出我的文章的长处和短处了。我的长处是明白清楚，短处是浅显。这时候我还不满十五岁。二十五年来，我抱定一个宗旨，做文字必须要叫人懂得，所以我从来不怕人笑我的文字浅显。

我做了一个月的白话文，胆子大起来了，忽然决心做一个长篇的章回小说。小说的题目叫做《真如岛》，用意是“破除迷信，开通民智”。我拟了四十回的题目，便开始写下去了。第一回就在《旬报》第三期上发表（丙午十月初一日），回目是：

虞善仁疑心致疾
孙绍武正论祛迷

这小说的开场一段是：

> 话说江西广信府贵溪县城外有一个热闹的市镇叫做神权镇，镇上有一条街叫做福儿街。这街尽头的地方有一所高大的房子。有一天下午的时候，这屋的楼上有二人在那里说话。一个是一位老人，年纪大约五十以外的光景，鬓发已略有些花白了，躺在一张床上，把头靠近床沿，身上盖了一条厚被，面上甚是消瘦，好像是重病的模样。一个是一位十八九岁的后生，生得仪容端正，气概轩昂，坐在床前一只椅子上，听那个老人说话。

我小时候最痛恨道教，所以这部小说的开场白就放在张天师的家乡。但我实在不知道贵溪县的地理风俗，所以不久我就把书中的主人翁孙绍武搬到我们徽州去了。

《竟业旬报》出到第十期，便停办了。我的小说续到第六回，也停止了。直到戊申年（1908）三月十一日，《旬报》

复活，第十一期才出世。但傅君健已不来了，编辑无人负责，我也不大高兴投稿了。到了戊申七月，《旬报》第二十四期以下就归我编辑。从第二十四期到第三十八期，我做了不少的文字，有时候全期的文字，从论说到新闻，差不多都是我做的。《真如岛》也从二十四期上续作下去，续到第十一回，《旬报》停刊了，我的小说也从此停止了。这时期我改用了“铁儿”的笔名。

这几十期的《竞业旬报》给了我一个绝好的机会，使我可以把在家乡和学校得着的一点点知识和见解，整理一番，用明白清晰的文字叙述出来。《旬报》的办事人从来没有干涉我的言论，所以我能充分发挥我的思想，尤其是我对宗教迷信的思想。例如《真如岛》小说第八回里，孙绍武这样讨论“因果”的问题：

> 这“因果”二字，很难说的。从前有人说，“譬如窗外这一枝花儿，枝枝朵朵都是一样，何曾有什么好歹善恶的分别？不多一会，起了一阵狂风，把一树花吹一个‘花落花飞飞满天’，那许多花朵，有的吹上帘栊，落在锦茵之上；有的吹出墙外，落在粪溷之中。这落花的好歹不同，难道说是这几枝花的善恶报应不成？”这话很是，但我的意思却不止此。大约这因果二字是有的。有了一个因，必收一个果。譬如吃饭自然会饱，吃酒自

> 然会醉。有了吃饭吃酒两件原因，自然会生出醉饱两个结果来。但是吃饭是饭的作用生出饱来，种瓜是瓜的作用生出新瓜来。其中并没有什么人为之主宰。如果有什么人为主宰，什么上帝哪，菩萨哪，既能罚恶人于作孽之后，为什么不能禁之于未作孽之前呢？……“天”要是真有这么大的能力，何不把天下的人个个都成了善人呢？……“天”既生了恶人，让他在世间作恶，后来又叫他受许多报应，这可不是书上说的“出尔反尔”么？……总而言之，“天”既不能使人不作恶，便不能罚那恶人。

落花一段引的是范缜的话（看本书第二章），后半是我自己的议论。这是很不迟疑的无神论。这时候我另在《旬报》上发表了一些《无鬼丛话》，第一条就引用司马温公“形既朽灭，神亦飘散，虽有剉烧舂磨，亦无所施”的话，和范缜“神之于形，犹利之于刃”的话（参看第二章）。第二条引苏东坡的诗：“耕田欲雨刈欲晴，去得顺风来者怨。若使人人祷辄遂，造物应须日千变”。第三条痛骂《西游记》和《封神榜》，其中有这样的话：

> 夫士君子处颓敝之世，不能摩顶放踵敝口焦舌以挽滔滔之狂澜，曷若隐遁穷邃，与木石终其身！更安忍随波逐流，阿谀取容于当世，用自私利其身（本条前面说

《封神榜》的作者把书稿送给他的女儿作嫁资，其婿果然因此发财，所以此处有“自私利”的话）？天壤间果有鬼神者，则地狱之设正为此辈！此其人更安有著书资格耶！（《丛话》原是用文言作的）

这是戊申（1908）年八月发表的。谁也梦想不到说这话的小孩子在十五年后（1923）居然很热心地替《西游记》作两万字的考证！如果他有好材料，也许他将来还替《封神榜》作考证哩！

在《无鬼丛话》的第三条里，我还接着说：

《王制》有之：“托于鬼神时日卜筮以乱众者，诛。”吾独怪夫数千年来之掌治权者，之以济世明道自期者，乃懵然不之注意，惑世诬民之学说得以大行，遂举我神州民族投诸极黑暗之世界！嗟夫，吾昔谓“数千年来仅得许多脓包皇帝，混帐圣贤”，吾岂好詈人哉？吾其好詈人哉？

这里很有“卫道”的臭味，但也可以表现我在不满十七岁时的思想路子。《丛话》第四条说：

吾尝持无鬼之说，论者或咎余，谓举一切地狱因果

> 之说而摧陷之，使人敢于为恶，殊悖先王神道设教之旨。此言余不能受也。今日地狱因果之说盛行。而恶人益多，民德日落，神道设教之成效果何如者！且处兹思想竞争时代，不去此种种魔障，思想又乌从而生耶？

这种夸大的口气，出在一个十七岁的孩子的笔下，未免叫人读了冷笑。但我现在回看我在那时代的见解，总算是自己独立想过几年的结果，比起现在一班在几个抽象名词里翻筋斗的少年人们，我还不感觉惭愧。

《竞业旬报》上的一些文字，我早已完全忘记了。前年中国国民党的中央宣传部曾登报征求全份的《竞业旬报》，——大概他们不知道这里面一大半的文字是胡适做的，——似乎也没有效果。我靠几个老朋友的帮助，搜求了几年，至今还不曾凑成全份。今年回头看看这些文字，真有如同隔世之感。但我根本诧异的是有一些思想后来成为我的重要出发点的，在那十七八岁的时候已有了很明白的倾向了。例如我在《旬报》第三十六期上发表一篇《苟且》，痛论随便省事不肯彻底思想的毛病，说“苟且”二字是中国历史上的一场大瘟疫，把几千年的民族精神都瘟死了。我在《真如岛》小说第十一回（《旬报》三十七期）论扶乩的迷信，也说：

程正翁，你想罢，别说没有鬼神，即使有鬼神，那关帝吕祖何等尊严，岂肯听那一二张符诀的号召？这种道理总算浅极了，稍微想一想，便可懂得。只可怜我们中国人总不肯想，只晓得随波逐流，随声附和。国民愚到这步田地，照我的眼光看来，这都是不肯思想之故。所以宋朝大儒程伊川说："学原于思"，这区区四字简直是千古至言。——郑先生说到这里，回过头来，对翼华、翼璜道：程子这句话，你们都可写作座右铭。

"学原于思"一句话是我在澄衷学堂读朱子《近思录》时注意到的。我后来的思想走上了赫胥黎和杜威的路上去，也正是因为我从十几岁时就那样十分看重思想的方法了。

又如那时代我在李莘伯办的《安徽白话报》上发表的一篇《论承继之不近人情》（转载在《旬报》二十九期），我不但反对承继儿子，并且根本疑问"为什么一定要儿子？"此文的末尾有一段说：

我如今要荐一个极孝顺永远孝顺的儿子给我们中国四万万同胞。这个儿子是谁呢？便是"社会"……

你看那些英雄豪杰仁人义士的名誉，万古流传，永不湮没；全社会都崇拜他们，纪念他们；无论他们有子孙没有子孙，我们纪念着他们，总不少减；也只为他们有功于

> 社会，所以社会永远感谢他们，纪念他们。阿唫唫，这些英雄豪杰仁人义士的孝子贤孙多极了，多极了！……一个人能做许多有益于大众有功于大众的事业，便可以把全社会都成了他的孝子贤孙。列位要记得：儿子，孙子，亲生的，承继的，都靠不住。只有我所荐的孝子顺孙是万无一失的。

这些意思，最初起于我小时看见我的三哥出继珍伯父家的痛苦情形，是从一个真问题上慢慢想出来的一些结论。这一点种子，在四五年后，我因读培根（Bacon）的论文有点感触，在日记里写成我的《无后主义》。在十年之后，又因为我母亲之死引起了一些感想，我才写成《不朽：我的宗教》一文，发挥“社会不朽”的思想。

这几十期的《竞业旬报》，不但给我了一个发表思想和整理思想的机会，还给了我一年多作白话文的训练。清朝末年出了不少的白话报，如《中国白话报》《杭州白话报》《安徽俗话报》《宁波白话报》《潮州白话报》，都没长久的寿命。光绪宣统之间，范鸿仙等办《国民白话日报》，李莘伯办《安徽白话报》，都有我的文字，但这两个报都只有几个月的寿命。《竞业旬报》出到四十期，要算最长寿的白话报了。我从第一期投稿起，直到它停办时止，中间不过有短时期没有我的文字。和《竞业旬报》有编辑关系的人，如傅君剑，如张丹斧，如叶德争，都没有我的长久关系，也没有我的长期训练。我不知道我那几十篇文字在当时有什么影响，但我知道这一年多的训练给了我自己绝大的好处。白话文从此形成了我的一种工具。七八年之后，这件工具使我能够在中国文学革命的运动里做一个开路的工人。

3

我进中国公学不到半年，就得了脚气病，不能不告假医病。我住在上海南方瑞兴泰茶叶店里养病，偶然翻读吴汝纶选的一种古文读本，其中第四册全是古诗歌。这是我第一次读古体诗歌，我忽然感觉很大的兴趣。病中每天读熟几首。不久就把这一册古诗读完了。我小时曾读一本律诗，毫不觉得有兴味，这回看了这些乐府歌辞和五七言诗歌，才知道诗歌原来是这样自由的，才知道做诗原来不必先学对仗。我背熟的第一首诗是《木兰辞》，第二首是《饮马长城窟行》，第三是《古诗十九首》。一路下去，直到陶潜、杜甫，我都喜欢读。读完了吴汝纶的选本，我又在二哥的藏书里寻到了《陶渊明集》和《白香山诗选》，后来又买了一部《杜诗镜诠》。这时期我专读古体歌行，不肯再读律诗；偶然也读一些五七言绝句。

有一天，我回学堂去，路过《竞业旬报》社，我进去看傅君剑，他说不久就要回湖南去了。我回到了宿舍，写了一首送别诗，自己带给君剑，问他像不像诗。这诗我记不得了，只记得开端是“我以何因缘，得交傅君剑”。君剑很夸奖我的送别诗，但我终有点不自信。过了一天，他送了一首《留别适之即和赠别之作》来，用日本卷笺写好，我打开一看，真吓了一跳。他诗中有“天下英雄君与我，文章知己友兼师”两句，在我这刚满十五岁的小孩子眼里，这真是受宠若惊了！“难道他是说谎话哄小孩子吗？”我忍不住这样想。君剑这副诗笺，我赶快藏了，不敢给人看。然而他这两句鼓励小孩子的话可害苦我了，从此以后，我就发愤读诗，想要做个诗人了。有时候，我在课堂上，先生在黑板上解高等代数的算式，我却在斯密司的《大代数学》底下翻《诗韵合璧》，练习簿上写的不是算式，是一首未完的纪游诗。一两年前我半夜里偷点着蜡烛，伏在枕头上演习代数问题，那种算学兴趣现在都被做诗的新兴趣赶跑了！我在脚气病的几个月之中发现了一个新世界，同时也决定了我一生的命运。我从此走上了文学史学的路，后来几次想矫正回来，想走到自然科学的路上去，但兴趣已深，习惯已成，终无法挽回了。

丁未正月（1907）我游苏州，三月与中国公学全体同学旅行到杭州，我都有诗纪游。我那时全不知道“诗韵”是什么，只依家乡的方音，念起来同韵便算同韵。在西湖上写了一首绝句，只押了两个韵脚，杨千里先生看了大笑，说，一个字在“尤”韵，一个字在“萧”韵。他替我改了两句，意思全不是我的了。我才知道做诗要硬记诗韵，并且不妨牺牲诗的意思来迁就诗的韵脚。

丁未五月，我因脚气病又发了，遂回家乡养病（我们徽州人在上海得了脚气病，必须赶紧回家乡，行到钱塘江的上游，脚肿便渐渐退了）。我在家中住了两个多月，母亲很高兴。从此以后，我十年不归家（1907—1917），那是母亲和我都没有料到的。那一次在家，和近仁叔相聚甚久，他很鼓励我做诗。在家中和路上我都有诗。这时候我读了不少白居易的诗，所以我这时期的诗，如在家乡做的《弃父行》，很表现《长庆集》的影响。

丁未以后，我在学校里颇有少年诗人之名，常常和同学们唱和。有一次我做了一首五言律诗，押了一个“赪”字韵，同学和教员和作的诗有十几首之多。同学中如汤昭（保民）、朱经（经农）、任鸿隽（叔永）、沈翼孙（燕谋）等都能作诗；教员中如胡梓方先生、石一参先生等，也都爱提倡诗词。梓方先生即是后来出名的诗人胡诗庐，这时候他教我们的英文，英文教员能做中国诗词，这是当日中国公学的一种特色。还有一位英文教员姚康侯先生，是辜鸿铭先生的学生，也是很讲究中国文学的，辜先生译的《痴汉骑马歌》，其实是姚康侯先生和几位同门修改润色的。姚先生在课堂上常教我们翻译，从英文译汉文，或从汉文译英文。有时候，我们自己从读本里挑出爱读的英文诗，邀几个能诗的同学分头翻译成中国诗，拿去给姚先生和胡先生评改。姚先生常劝我们看辜鸿铭译的《论语》，他说这是翻译的模范。但五六年后，我得读辜先生译的《中庸》，感觉很大的失望。大概当时所谓翻译，都侧重自由的意译，务必要“典雅”，而不妨变动原文的意义与文字。这种训练也有他的用处，可以使学生时时想到中西文字异同之处，时时想到某一句话应该怎样翻译，才可算“达”与“雅”。我记得我们试译一首英文诗，中有Scarecrow一个字，我们大家想了几天，想不出一个典雅的译法。但是这种工夫，现在回想起来，不算是浪费了的。

我初学做诗，不敢做律诗，因为我不曾学过对对子，觉得那是很难的事。戊申（1908）以后，我偶然试做一两首五言律诗来送朋友，觉得并不很难，后来我也常常做五七律诗了。做惯律诗之后，我才明白这种体裁是似难而实易的把戏；不必有内容，不必有情绪，不必有意思，只要会变戏法，会搬运典故，会调音节，会对对子，就可以诌成一首律诗。这种体裁最宜于做没有内容的应酬诗，无论是殿廷上应酬皇帝，或寄宿舍里送别朋友，把头摇几摇，想出了中间两联，凑上一头一尾，就是一首诗了；如果是限韵或和韵的诗，只消从韵脚上去着想，那就更容易了。大概律诗的体裁和步韵的方法所以不能废除，正因为这都是最方便的戏法。我那时读杜甫的五言律诗最多，所以我做的五律颇受他的影响。七言律诗，我觉得没有一首能满意的，所以我做了几首之后就不做了。

现在我把我在那时做的诗抄几首在这里，也算一个时期的纪念：

秋日梦返故居（戊申八月）

秋高风怒号，客子中怀乱。抚枕一太息，悠悠归里闬。入门拜慈母，母方抚孙玩。齐儿见叔来，牙牙似相唤。拜母复入室，诸嫂同炊爨。问答乃未已，举头日已旰。方期长聚首，岂复疑梦幻？年来历世故，遭际多忧患。耿耿苦思家，听人讥斥鷃（玩字原作弄，是误用方音，前年改玩字）。

军人梦（译 Thomas Campbell's *A Soldier's Dream*）（戊申）

笳声销歇暮云沉，耿耿天河灿列星。战士创痍横满地，倦者酣眠创者逝。枕戈藉草亦蘧然，时见刍人影摇曳。长夜沉沉夜未央，陶然入梦已三次。梦中忽自顾，身已离队伍。秋风拂襟袖，独行殊踽踽。惟见日东出，迎我归乡土。从横阡陌间，尽是钓游迹。时闻老农刈稻歌，又闻牛羊嗥山脊。归来戚友成燕集，誓言不复相离别。娇儿数数亲吾额，少妇情深自呜咽。举室争言君已倦，幸得归休免征战。惊回好梦日熹微，梦魂渺渺成虚愿（刍人原作刍灵，今年改）。

酒醒（己酉）

酒能消万虑，已分醉如泥。烛泪流干后，更声断续时。
醒来还苦忆，起坐一沉思。窗外东风峭，星光淡欲垂。

女优陆菊芬演《纺棉花》（己酉）

永夜亲机杼，悠悠念远人。朱弦纤指弄，一曲翠眉颦。
满座天涯客，无端旅思新。未应儿女语，争奈不胜春！

秋柳　有序　（己酉）

秋日适野，见万木皆有衰意。而柳以弱质，际兹高秋，独能迎风而舞，意态自如。岂老氏所得能以弱者存耶？感而赋之。

但见萧飕万木摧，尚余垂柳拂人来。
西风莫笑长条弱，也向西风舞一回。

（西风莫笑，原作“凭君漫说”，民国五年改。长条原作“柔条”，十八年改）

此篇原载《新月》第3卷第10号

我怎样到外国去

1

戊申（1908）九月间，中国公学闹出了一次大风潮，结果是大多数学生退学出来，另组织一个中国新公学。这一次风潮为的是一个宪法的问题。

中国公学在最初的时代，纯然是一个共和国家，评议部为最高立法机关，执行部的干事即由公选产生出来。不幸这种共和制度实行了九个月（丙午二月至十一月），就修改了。修改的原因，约有几种：一是因为发起的留日学生逐渐减少，而新招来的学生逐渐加多，已不是当初发起时学生与办事人完全不分界限的情形了；二是因为社会和政府对于这种共和制度都很疑忌；三是因为公学既无校舍，又无基金，有请求官款补助的必要，所以不能不避免外界对于公学内部的疑忌。

为了这种种原因，公学的办事人就在丙午（1906）年的冬天，请了郑孝胥、张謇、熊希龄等几十人作中国公学的董事，修改章程，于是学生主体的制度，就变成了董事会主体的制度。董事会根据新章程，公举郑孝胥为监督。一年后，郑孝胥辞职，董事会又举夏敬观为监督。这两位都是有名的诗人，他们都不常到学校，所以我们也不大觉得监督的可畏。

可是在董事会与监督之下，公学的干事就不能由同学公选了。评议部是新章所没有的。选举的干事改为学校聘任的教务长、庶务长、斋务长了。这几位办事人，外面要四出募捐，里面要担负维持学校的责任，自然感觉他们的地位有稳定的必要。况且前面已说过，校章的修改也不是完全没有理由的。但我们少年人可不能那样想。中国公学的校章上明明载着"非经全体三分之二承认，不得修改"。这是我们的宪法上载着的唯一的修正方法。三位干事私自修改校章，是非法的。评议部的取消也是非法的。这里面也还有个人的问题。当家日子久了，总难免"猫狗皆嫌"，何况同学之中有许多本是干事诸君的旧日同辈的朋友呢！在学校上课的同学自然在学业上日日有长进，而干事诸君办事久了，学问上没有进境，却当着教务长一类的学术任务，自然有时难免受旧同学的轻视。法的问题和这种人的问题混合在一块，风潮就不容易避免了。

代议制的评议部取消之后，全体同学就组织了一个“校友会”，其实就等于今日各校的学生会。校友会曾和三干事争了几个月，干事答应了校章可由全体学生修改。又费了几个月的时间，校友会把许多修正案整理成一个草案，又开了几次会，才议定了一个校章。一年多的争执，经过了多少度的磋商，新监督夏先生与干事诸君均不肯承认这新改的校章。

到了戊申（1908）九月初三日，校友会开大会报告校章交涉的经过，会尚未散，监督忽出布告，完全否认学生有订改校章之权，这竟是完全取消干事承认全体修改校章的布告了。接着又出了两道布告，一道说“集会演说，学堂悬为严禁。……校友会以后不准再行开会”。一道说学生代表朱经朱绂华“倡首煽众，私发传单，侮辱职员，要挟发布所自改印章程，屡诫不悛，纯用意气，实属有意破坏公学。照章应即斥退，限一日内搬移出校”。

初四日，全体学生签名停课，在操场上开大会。下午干事会又出布告，开除学生罗君毅、周烈忠、文之孝等七人，并且说：“如仍附从停课，即当将停课学生全行解散，另行组织。”初五日，教员出来调停，想请董事会出来挽救。但董事会不肯开会。初七日学生大会遂决议筹备万一学校解散后的办法。

初八日董事陈三立先生出来调停，但全校人心已到了很激昂的程度，不容易挽回了。初九日，校中布告："今定于星期日暂停膳食。所有被胁诸生可先行退出校外，暂住数日。准于今日午后一时起，在环球中国学生会发给旅膳费。俟本公学将此案办结后，再行布告来校上课。"

这样的压迫手段激起了校中绝大多数同学的公愤。他们决定退学，遂推举干事筹备另创新校的事。退学的那一天，秋雨淋漓，大家冒雨搬到爱而近路庆祥里新租的校舍里。厨房虽然寻来了一家，饭厅上桌凳都不够，碗碟也不够。大家都知道这是我们自己创立的学校，所以不但不叫苦，还要各自掏腰包，捐出钱来作学校的开办费。有些学生把绸衣、金表，都拿去当了钱来捐给学堂做开办费。

十天之内，新学校筹备完成了，居然聘教员，排功课，正式开课了。校名定为"中国新公学"，学生有一百六七十人。在这风潮之中，最初的一年因为我是新学生，又因为我告了长时期的病假，所以没有参与同学和干事的争执；到了风潮正激烈的时期，我被举为大会书记，许多记录和宣言都是我做的；虽然不在被开除之列，也在退学之中。朱经、李琴鹤、罗君毅被举做干事。有许多旧教员都肯来担任教课。学校虽然得着社会上一部分人的同情，捐款究竟很少，经费很感觉困难。李琴鹤君担任教务干事，有一天他邀我到他房里谈话，他要我担任低年级各班的英文，每星期教课三十点钟，月薪八十元；但他声明，自家同学作教员，薪俸是不能全领的，总得欠着一部分。

我这时候还不满十七岁，虽然换了三个学堂，始终没有得着一张毕业证书。我若继续上课，明年可以毕业了。但我那时确有不能继续求学的情形。我家本没有钱。父亲死后，只剩下几千两的存款，存在同乡店家生息，一家人全靠这一点出息过日子。后来存款的店家倒帐了，分摊起来，我家分得一点小店业。我的二哥是个有干才的人，他往来汉口上海两处，把这点小店业变来变去，又靠他的同学朋友把他们的积蓄寄存在他的店里，所以他能在几年之中合伙撑起一个规模较大的瑞兴泰茶叶店。但近几年之中，他的性情变了，一个拘谨的人变成了放浪的人；他的费用变大了，精力又不能贯注到店事，店中所托的人又不很可靠，所以店业一年不如一年。后来我家的亏空太大了，上海的店业不能不让给债权人。当戊申的下半年，我家只剩汉口一所无利可图的酒栈（两仪栈）了。这几个月以来，我没有钱住宿舍，就寄居在《竞业旬报》社里（也在庆祥里）。从七月起，我担任《旬报》的编辑，每出一期报，社中送我十块钱的编辑费。住宿和饭食都归社中担负。我家中还有母亲，眼前就得要我寄钱赡养了。母亲也知道家中破产就在眼前，所以寄信来要我今年回家去把婚事办了。我斩钉截铁地阻止了这件事，名义上是说求学要紧，其实是我知道家中没有余钱给我办婚事，我也没有钱养家。

正在这个时候，李琴鹤君来劝我在新公学作教员。我想了一会，就答应了。从此以后，我每天教六点钟的英文，还要改作文卷子。十七八岁的少年人，精力正强，所以还能够勉强支持下去，直教到第二年（1909）冬天中国新公学解散时为止。

以学问论，我那时怎配教英文？但我是个肯负责任的人，肯下苦功去预备功课，所以这一年之中还不曾有受窘的时候。我教的两班后来居然出了几个有名的人物：饶泰（树人）、杨铨（杏佛）、严庄（敬齐），都做过我的英文学生。后来我还在校外收了几个英文学生，其中有一个就是张奚若。可惜他们后来都不是专习英国文学；不然，我可真"抖"了！

《竞业旬报》停刊之后，我搬进新公学去住。这一年的教书生活虽然很苦，于我自己却有很大的益处。我在中国公学两年，受姚康侯和王云五两先生的影响很大，他们都最注重文法上的分析，所以我那时虽不大能说英国话，却喜欢分析文法的结构，尤其喜欢拿中国文法来做比较。现在做了英文教师，我更不能不把字字句句的文字弄得清楚。所以这一年之中，我虽没有多读英国文学书，却在文法方面得着很好的练习。

中国新公学在最困苦的情形之下支持了一年多，这段历史是很悲壮的。那时候的学堂多不讲究图书仪器的设备，只求做到教员好，功课紧，管理严，就算好学堂了。新公学的同学因为要争一口气，所以成绩很好，管理也不算坏。但经费实在太穷，教员只能拿一部分的薪俸，干事处常常受收房捐和收巡捕捐的人的恶气；往往因为学校不能付房捐与巡捕捐，同学们大家凑出钱来，借给干事处。有一次干事朱经农君（即朱经）感觉学校经费困难已到了绝地，他忧愁过度，神经错乱，出门乱走，走到了徐家汇的一条小河边，跳下河去，幸遇人救起，不曾丧命。

这时候，中国公学的吴淞新校舍已开始建筑了，但学生很少。内地来的学生，到了上海，知道了两个中国公学的争持，大都表同情于新公学，所以新公学的学生总比老公学多。例如张奚若（原名耘）等一些陕西学生，到了上海，赶不上招考时期，他们宁可在新公学附近租屋补习，却不肯去老公学报名。所以“中国新公学”的招牌一天不去，“中国公学”是一天不得安稳发展的。老公学的职员万不料我们能支持这么久。他们也知道我们派出去各省募捐的代表，如朱绂华、朱经农、薛传斌等，都有有力的介绍，也许有大规模的官款补助的可能。新公学募捐若成功，这个对峙的局面更不容易打消了。

老公学的三干事之中，张邦杰（俊生）先生当风潮起时在外省募捐未归；他回校后极力主张调停，收回退学的学生。不幸张先生因建筑吴淞校舍，积劳成疾，不及见两校的合并就死了。新公学董事长李平书先生因新校经济不易维持，也赞成调停合并。调停的条件大致是：凡新公学的学生愿意回去的，都可回去；新公学的功课成绩全部承认；新公学所有亏欠的债务，一律由老公学担负清偿。新公学一年之中亏欠已在一万元以上，捐款究竟只是种不能救急的希望；职员都是少年人，牺牲了自己的学业来办学堂，究竟不能持久。所以到了己酉（1909）十月，新公学接受了调停的条件，决议解散：愿回旧校者，自由回去。我有题新校合影的五律二首，七律一首，可以纪念我们在那时候的感情，所以我抄在这里：

十月题新校合影（时公学将解散）

无奈秋风起，艰难又一年。
颠危俱有责，成败岂由天？
黯黯愁兹别，悠悠祝汝贤。
不堪回首处，沧海已桑田。

此地一为别，依依无限情。
凄凉看日落，萧瑟听风鸣。
应有天涯感，无忘城下盟！
相携入图画，万虑苦相萦。

十月再题新校教员合影

也知湖越同舟谊，无奈惊涛动地来。

江上飞鸟犹绕树，尊前残烛已成灰。
昙花幻相空余恨，鸿爪遗痕亦可哀。
莫笑劳劳作刍狗，且论臭味到岑苔。

这都算不得诗，但“应有天涯感，无忘城下盟”两句确是当时的心理。合并之后，有许多同学都不肯回老公学去，也是为此。这一年的经验，为一个理想而奋斗，为一个团体而牺牲，为共同生命而合作，这些都在我们一百六十多人的精神上留下磨不去的影子。二十多年来，无人写这一段历史，所以我写这几千字，给我的一班老同学留一点“鸿爪遗痕”。

少年人的理想主义受打击之后，反动往往是很激烈的。在戊申己酉（1908—1909）两年之中，我的家事败坏到不可收拾的地步。己酉年，大哥和二哥回家，主张分析家产；我写信回家，说我现在已能自立了，不要家中的产业。其实家中本没有什么产业可分，分开时，兄弟们每人不过得着几亩田，半所屋而已。那一年之中，我母亲最心爱的一个妹子和一个弟弟先后死了，她自己也病倒了。我在新公学解散之后，得了两三百元的欠薪，前途茫茫，毫无把握，哪敢回家去？只好寄居在上海，想寻一件可以吃饭养家的事。在那个忧愁烦闷的时候，又遇着一班浪漫的朋友，我就跟着他们堕落了。

［注］这一段是去年（1931）夏间写的，写成之后，

我恐怕我的记载有不正确或不公平的地方，所以把原稿送给王敬芳先生（抟沙），请他批评修改。他是我们攻击的干事之一，是当日风潮的一个主要目标。但事隔二十多年，我们都可以用比较客观的眼光来回看当年的旧事了。他看了之后，写了一封几千字的长信给我，承认我的话“说得非常心平气和，且设身处地地委曲体谅，令我极端佩服”，又指出一些与当日事实不符的地方。他指出的错误，我都改正了。所以这一段小史，虽是二十多年后追记的，应该没有多大的错误。我感谢王先生的修正，并且盼望我的老同学朱经农、罗君毅诸先生也给我同样的修正。

王先生在他的长信里说了几句很感慨的话，我认为很值得附录在此。他说：“我是当初反对取缔规则最力的人，但是今日要问我取缔规则到底对于中国学生有多大害处，我实在答应不出来。你是当时反对公学最力的人，看你这篇文章，今昔观察也就不同得多了。我想青年人往往因感情的冲动，理智便压抑了。中国学校的风潮，大多数是由于这种原因。学校中少一分风潮，便多一分成就。盼望你注意矫正这种流弊。”

我是赞成这话的，但是我要补充一句：学校的风潮不完全由于青年人的理智被感情压抑了，其中往往是因为中年人和青年人同样失去了运用理智的能力。专责备青年人是不公允的。中国公学最近几次的风潮都是好例子。

廿一，九，廿七

2

中国新公学有一个德国教员，名叫何德梅（Ottomeir），他的父亲是德国人，母亲是中国人，他能说广东话、上海话、官话。什么中国人的玩意儿，他全会。我从新公学出来，就搬在他隔壁的一所房子里住，这两所房子是通的，他住东屋，我和几个四川朋友住西屋。和我同住的人，有林君墨（恕）、但怒刚（懋辛）诸位先生；离我们不远，住着唐桂梁（蟒）先生，是唐才常的儿子。这些人都是日本留学生，都有革命党的关系；在那个时候各地的革命都失败了，党人死的不少，这些人都很不高兴，都很牢骚。何德梅常邀这班人打麻将，我不久也学会了。我们打牌不赌钱，谁赢谁请吃雅叙园。我们这一班人都能喝酒，每人面前摆一大壶，自斟自饮。从打牌到喝酒，从喝酒又到叫局，从叫局到吃花酒，不到两个月，我都学会了。

幸而我们都没有钱，所以都只能玩一点穷开心的玩意儿：赌博到吃馆子为止，逛窑子到吃"镶边"的花酒或打一场合股份的牌为止。有时候，我们也同去看戏。林君墨和唐桂梁请了一位小喜禄来教我们唱戏，同学之中有欧阳予倩，后来成了中国戏剧界的名人。我最不行，一句也学不会，不上两天我就不学了。此外，我还有一班小朋友，同乡有许怡荪、程乐亭、章希吕诸人，旧同学有郑仲诚、张蜀川、郑铁如诸人。怡荪见我随着一班朋友发牢骚，学堕落，他常常规劝我。但他在吴淞复旦公学上课，是不常来的，而这一班玩的朋友是天天见面的，所以我那几个月之中真是在昏天黑地里胡混。有时候，整夜的打牌；有时候，连日的大醉。

有一个晚上，闹出乱子来了。那一晚我们在一家“堂子”里吃酒，喝得不少了，出来又到一家去“打茶围”。那晚上雨下得很大，下了几点钟还不止。君墨桂梁留我打牌，我因为明天要教书（那时我在华童公学教小学生的国文），所以独自雇人力车走了。他们看我能谈话，能在一叠“局票”上写诗歌，都以为我没有喝醉，也就让我一个人走了。

其实我那时已大醉了，谈话写字都只是我的“下意识”的作用，我全不记忆。出门上车以后，我就睡着了。

直到第二天天明时，我才醒来，眼睛还没有睁开，就觉得自己不是睡在床上，是睡在硬的地板上！我疑心昨夜喝醉了，睡在家中的楼板上，就喊了一声“老彭!”——老彭是我雇的一个湖南仆人，喊了两声，没有人答应，我已经坐起来了，眼也睁开了。

奇怪得很！我睡在一间黑暗的小房里，只有前面有亮光，望出去好像没有门。我仔细一看，口外不远还好像有一排铁栅栏。我定神一听，听见栏杆外有皮鞋走路的声响。一会儿，狄托狄托的走过来了，原来是一个中国巡捕走过去。

我有点明白了，这大概是巡捕房，只不知道我怎样到了这儿来的。我想起来问一声，这时候才觉得我一只脚上没有鞋，又觉得我身上的衣服都是湿透了的。我摸来摸去，摸不着那一只皮鞋；只好光着一只袜子站起来，挟着墙壁走出去，隔着栅栏招呼那巡捕，问他这是什么地方。

他说："这是巡捕房。"

"我怎么会进来的？"

他说："你昨夜喝醉了酒，打伤了巡捕，半夜后进来的。"

"什么时候我可以出去？"

"天刚亮一会，早呢！八点钟有人来，你就知道了。"

我在亮光之下，才看见我的旧皮袍不但是全湿透了，衣服上还有许多污泥，并且有破皮的疤痕。难道我真同人打了架吗？

这是一个春天的早晨，一会儿就是八点钟了。果然有人来叫我出去。

在一张写字桌边，一个巡捕头坐着，一个浑身泥污的巡捕立着回话。那巡捕头问：

"就是这个人？"

"就是他。"

"你说下去。"

那混身泥污的巡捕说：

“昨夜快 12 点钟时候，我在海宁路上班，雨下得正大。忽然（他指着我）他走来了，手里拿着一只皮鞋敲着墙头，狄托狄托的响。我拿巡捕灯一照，他开口就骂。”

“骂什么？”

“他骂‘外国奴才’！我看他喝醉了，怕他闯祸，要带他到巡捕房里来。他就用皮鞋打我，我手里有灯，抓不住他，被他打了好几下。后来我抱住他，抢了他的鞋子，他就和我打起来了。两个人抱住不放，滚在地上。下了一夜大雨，马路上都是水，两个人在泥水里打滚。我的灯也打碎了，身上脸上都被他打了。他脸上的伤是在石头上擦破了皮，我吹了叫子，唤住了一部空马车，两个马夫帮我捉住他，关在马车里，才能把他送进来。我的衣服是烘干了，但是衣服上的泥都不敢弄掉，这都是在马路当中滚的。”

我看他脸上果然有伤痕，但也像是擦破了皮，不像是皮鞋打的。他解开上身，也看不出什么伤痕。

巡捕头问我，我告诉了我的真姓名和职业，他听说我是在华童公学教书，自然不愿得罪我。他说，还得上堂问一问，大概要罚几块钱。

他把桌子上放着的一只皮鞋和一条腰带还给我。我穿上了鞋子，才想起我本来穿有一件缎子马褂。我问他要马褂，他问那泥污的巡捕，他回说：“昨夜他就没有马褂。”

我心里明白了。

我住在海宁路的南林里，那一带在大雨的半夜里是很冷静的。我上了车就睡着了。车夫到了南林里附近，一定是问我到南林里第几衖。我大概睡得很熟，不能回答了。车夫叫我不醒，也许推我不醒，他就起了坏心思，把我身上的钱摸去了，又把我的马褂剥去了。帽子也许是他拿去了的，也许是丢了的。他大概还要剥我的皮袍，不想这时候我的“下意识”醒过来了，就和他抵抗。那一带是没有巡捕的，车夫大概是拉了车子跑了，我大概追他不上，自己也走了。皮鞋是跳舞鞋式的，没有鞋带，所以容易掉下来；也许是我跳下车来的时候就掉下来了，也许我拾起了一只鞋子来追赶那车夫。车夫走远了，我赤着一只脚在雨地里自然追不上。我慢慢地依着“下意识”走回去。醉人往往爱装面子，所以我丢了东西反唱起歌来了，——也许唱歌是那个巡捕的胡说，因为我的意识生活是不会唱歌的。

这是我自己用想像来补充的一段，是没有法子证实的了。但我想到在车上熟睡的一段，不禁有点不寒而栗，身上的水湿和脸上的微伤哪能比那时刻的生命危险呢？

巡捕头许我写一封短信叫人送到我的家中。那时候郑铁如（现在的香港中国银行行长）住在我家中，我信上托他带点钱来准备罚款。

上午开堂问事的时候，几分钟就完了，我被罚了五元，做那个巡捕的养伤费和赔灯费。

我到了家中，解开皮袍，里面的棉袄也湿透了，一解开来，里面热气蒸腾：湿衣裹在身上睡了一夜，全蒸热了！我照镜子，见脸上的伤都只是皮肤上的微伤，不要紧的。可是一夜的湿气倒是可怕。

同住的有一位四川医生，姓徐，医道颇好。我请他用猛药给我解除湿气。他下了很重的泻药，泄了几天；可是后来我手指上和手腕上还发出了四处的肿毒。

那天我在镜子里看见我脸上的伤痕，和浑身的泥湿，我忍不住叹一口气，想起“天生我材必有用”的诗句，心里百分懊悔，觉得对不住我的慈母——我那在家乡时时刻刻悬念着我，期望着我的慈母！我没有掉一滴眼泪，但是我已经过了一次精神上的大转机。

我当日在床上就写信去辞了华童公学的职务，因为我觉得我的行为玷辱了那个学校的名誉。况且我已决心不做那教书的事了。

那一年（庚戌，1910）是考试留美赔款官费的第二年。听说，考试取了备取的还有留在清华学校的希望。我决定关起门来预备去应考试。

许怡荪来看我，也力劝我摆脱一切去考留美官费。我所虑的有几点：一是要筹养母之费，二是要还一点小债务，三是要筹两个月的费用和北上的旅费。怡荪答应替我去设法。

后来除他自已之外，帮助我的有程乐亭的父亲松堂先生，和我的族叔祖节甫先生。

我闭户读了两个月的书，就和二哥绍之一同北上。到了北京，蒙二哥的好朋友杨景苏先生（志洵）的厚待，介绍我住在新在建筑中的女子师范学校（后来的女师大）校舍里，所以费用极省。在北京一个月，我不曾看过一次戏。

杨先生指点我读旧书，要我从《十三经注疏》用功起。我读汉儒的经学，是从这个时候起的。留美考试分两场，第一场考国文英文，及格者才许考第二场的各种科学。国文试题为“不以规矩不能成方圆说”，我想这个题目不容易发挥，又因我平日喜欢看杂书，就做了一篇乱谈考据的短文，开卷就说：

> 矩之作也，不可考矣。规之作也，其在周之末世乎？

下文我说《周髀算经》作圆之法足证其时尚不知道用规作圆；又孔子说“不逾矩”，而不并举规矩，至墨子孟子始以规矩并用，足证规之晚出。这完全是一时异想天开的考据，不料那时看卷子的先生也有考据癖，大赏识这篇短文，批了一百分。英文考了六十分，头场平均八十分，取了第十名。第二场考的各种科学，如西洋史，如动物学，如物理学，都是我临时抱佛脚预备起来的，所以考得很不得意。幸亏头场的分数占了大便宜，所以第二场我还考了个第五十五名。取送出洋的共七十名，我很挨近榜尾了。

南下的旅费是杨景苏先生借的。到了上海，节甫叔祖许我每年遇必要时可以垫钱寄给我的母亲供家用。怡荪也答应帮忙。没有这些好人的帮助，我是不能北去，也不能放心出国的。

我在学校里用胡洪骍的名字；这回北上应考，我怕考不取为朋友学生所笑，所以临时改用胡适的名字。从此以后，我就叫胡适了。

二十一，九，二十七夜

此篇原载1932年11月10日《新月》第4卷第4号

附
我的信仰

1

我父胡传，是一位学者，也是一个意志坚强、有行政才干的人。经过一个时期的古典文史训练后，他对于地理研究，特别是边省的地理，抱有浓厚的兴趣。他怀揣一封介绍书，前往京师；又走了四十二日而达北满吉林，去晋见钦差大臣吴大澂。吴氏作为中国的一个伟大考古学家，现在见知于欧洲的汉学家们。

吴氏延见他，问有什么可以替他为力的。我父说道：“没有什么，只求准我随节去解决中俄界务的纠纷，俾我得以研究东北各省的地理。”吴氏对于这个只有秀才底子，且在关外长途跋涉之后，差不多已是身无分文的学者，觉得有味。他带着这个少年去干他那历史上有名的差使，得他做了一个最有价值、最肯做事的帮手。

有一次与我父亲同走的一队人，迷陷在一个广阔的大森林之内，三天找不着出路。到粮食告罄，一切侦察均归失败时，我父亲就提议寻觅溪流。溪流是多半流向森林外面去的。一条溪流找到了手，他们一班人就顺流而行，得达安全的地方。我父亲作了一首长诗纪念这一件事。及四十年后，我在一篇《杜威论思想》的论文里，以这件事实为例证，虽则我未尝提到他的名字，有好些与我父亲相熟而犹生存着的人，都还认得出这件故事，并写信问我是不是他们故世已久的朋友的一个小儿子。

吴大澂对我父亲虽曾一度向政府荐举他为“有治省才的人”，他在政治上却并未得臻通显，历官江苏、台湾后，遂于台湾因中日战争的结果而割让与日本时，以五十五岁的寿辰逝世。

2

我是我父亲的幼儿，也是我母亲的独子。我父亲娶妻凡三次：前妻死于太平天国之乱，乱军掠遍安徽南部各县，将其化为灰烬。次妻生了三个儿子、四个女儿。长子从小便证明是个难望洗心革面的败子。我父亲丧了次妻后，写信回家，说他一定要讨一个纯良强健的、做庄稼人家的女儿。

我外祖父务农，于年终几个月内且兼业裁缝。他是出身于一个循善的农家，在太平天国之乱中，全家被杀。因他还只是一个小孩子，故被太平军掠做俘虏，带往军中当差。为要防他逃走，他的脸上就刺了“太平天国”四字，终其身都还留着。但是他吃了种种困苦，居然逃了出来，回到家乡，只寻得一片焦土，无一个家人还得活着。他勤苦工作，耕种田地，兼做裁缝，裁缝的手艺，是他在贼营里学来的。他渐渐长成，娶了一房妻子，生下四个儿女，我母亲就是最长的。

我外祖父一生的心愿就是想重建被太平军毁了的家传老屋。他每天早上，太阳未出，便到溪头去拣选三大担石子，分三次挑回废屋的地基。挑完之后，他才去种田或去做裁缝。到了晚上回家时，又去三次，挑了三担石子，才吃晚饭。凡此辛苦恒毅的工作，都给我母亲默默看在眼里，她暗恨身为女儿，毫无一点法子能减轻她父亲的辛苦，促他的梦想实现。

随后来了个媒人，在田里与我外祖父会见，雄辩滔滔地向他替我父亲要他大女儿的庚帖（按：胡适《我的母亲的订婚》一章里面，用的是“八字”二字，英文系 Birth date paper，故译庚帖似较贴切）。我外祖父答应回去和家里商量。但是到他在晚上把所提的话对他的妻子说了，她就大为生气。她说：“不行！把我女儿嫁给一个大她三十岁的人，你真想得起？况且他的儿女也有年纪比我们女儿还大的！还有一层，人家自然要说我们嫁女儿给一个老官，是为了钱财体面而把她牺牲的。”于是这一对老夫妻吵了一场。后来做父亲的说：“我们问问女儿自己。说来说去，这到底是她自己的事。”

到这个问题对我母亲提了出来，她不肯开口。中国女子遇到同类的情形常是这样的。但她心里却在深思沉想。嫁与中年丧偶、兼有成年儿女的人做填房，送给女家的聘金财礼比一般婚媾却要重得多。这点于她父亲盖房子的计划将大有帮助。况且她以前又是见过我父亲的，知道他为全县人所敬重。她爱慕他，愿意嫁他，为的半是英雄崇拜的意识，但大半却是想望帮助劳苦的父亲的孝思。所以到她给父母逼着答话，她就坚决地说：“只要你们俩都说他是好人，请你们俩作主。男人家四十七岁也不能算是老。”我外祖父听了，叹了一口气，我外祖母可气得跳起来，忿忿地说：“好呵！你想做官太太了！好罢，听你情愿罢！”

3

我母亲于1889年结婚，时年十七，我则生在1891年12月。我父殁于1895年，留下我母亲二十三岁做了寡妇。我父弃世，我母便做了一个有许多成年儿女的大家庭的家长。中国做后母的地位是十分困难的。她的生活自此时起，自是一个长时间的含辛茹苦。

我母亲最大的禀赋就是容忍。中国史书记载唐朝有个皇帝垂询张公艺那位家长，问他家以什么道理能九世同居而不分离拆散。那位老人家因过于衰迈，难以口述，请准用笔写出回答。他就写了一百个“忍”字。中国道德家时常举出“百忍”的故事为家庭生活最好的例子，但他们似乎没有一个曾觉察到许多苦恼、倾轧、压迫和不平，使容忍成了一种必不可少的事情。

那班接脚媳妇凶恶不善的感情，利如锋刃的话语，含有敌意的嘴脸，我母亲事事都耐心容忍。她有时忍到不可再忍，这才早上不起床，柔声大哭，哭她早丧丈夫。她从不开罪她的媳妇，也不提开罪的那件事，但是这些眼泪，每次都有神秘莫测的效果。我总听得有一位嫂嫂的房门开了，和一个妇人的脚步声向厨房走去。不多一会，她转来敲我们房门了。她走进来捧着一碗热茶，送给我的母亲，劝她止哭。母亲接了茶碗，受了她不出声的认错。然后家里又太平清静得个把月。

我母亲虽则并不知书识字，却把她的全副希望放在我的教育上。我是一个早慧的小孩，不满三岁时，就已认了八百多字，都是我父亲每天用红笺方块教我的。我才满三岁零点，便在学堂里念书。我当时是个多病的小孩，没有搀扶，不能跨一个六英寸高的门槛。但我比学堂里所有别的学生都能读能记些。我从不跟着村中孩子们一块儿玩。更因我缺少游戏，我五岁时就得了“先生”的绰号。十五年后，我在康奈耳大学读二年级时，也同是为了这个弱点，而被了Doc（即Doctor缩读，音与dog同，故用作谐称——译者）的诨名。

每天天还未亮时，我母亲便把我喊醒，叫我在床上坐起。她然后把对我父亲所知的一切告诉我。她说她望我踏上他的脚步，她一生只晓得他是最善良最伟大的人。据她说，他是一个多么受人敬重的人，以致在他间或休假回家的时期中，附近烟窟赌馆都概行停业。她对我说我惟有行为好，学业科考成功，才能使他们两老增光；又说她所受的种种苦楚，得以由我勤敏读书来酬偿。我往往眼睛半睁半闭地听。但她除遇有女客与我们同住在一个房间的时候外，罕有不施这番晨训的。

到天大明时，她才把我的衣服穿好，催我去上学。我年稍长，我总是第一个先到学堂，并且差不多每天早晨都是去敲先生的门要钥匙去开学堂的门。钥匙从门缝里递了出来，我隔一会就坐在我的坐位上朗念生书了。学堂里到薄暮才放学，届时每个学生都向朱印石刻的孔夫子大像和先生鞠躬回家。每日上课的时间平均是十二小时。

我母亲一面不许我有任何种的儿童游戏，一面对于我建一座孔圣庙的孩子气的企图，却给我种种鼓励。我是从我同父异母的姊姊的长子，大我五岁的一个小孩那里学来的。他拿各种华丽的色纸扎了一座孔庙，使我心里羡慕。我用一个大纸匣子做为正殿，背后开了一个方洞，用一只小匣子糊上去，做了摆孔子牌位的内堂。外殿我供了孔子的各大贤徒，并贴了些小小的匾对，书着颂扬这位大圣人的字句，其中半系录自我外甥的庙里，半系自书中抄来。在这座玩具的庙前，频频有香炷燃着。我母亲对于我这番有孩子气的虔敬也觉得欢喜，暗信孔子的神灵一定有报应，使我成为一个有名的学者，并在科考中成为一个及第的士子。

我父亲是一个经学家，也是一个严守朱熹（1130—1200）的新儒教理学的人。他对于释道两教强烈反对。我还记得见我叔父家（那是我的开蒙学堂）的门上有一张日光晒淡了的字条，写着“僧道无缘”几个字。我后来才得知这是我父亲所遗理学家规例的一部。但是我父亲业已去世，我那彬彬儒雅的叔父，又到皖北去做了一员小吏，而我的几位哥子则都在上海。剩在家里的妇女们，对于我父亲的理学遗规，没有什么拘束了。她们遵守敬奉祖宗的常礼，并随风俗时会所趋，而自由礼神拜佛。观音菩萨是她们所最爱的神，我母亲为了是出于焦虑我的健康福祉的念头，也做了观音的虔诚信士。我记得有一次她到山上观音阁里去进香，她虽缠足，缠足是苦了一生的，在整段的山路上，还是步行来回。

我在村塾（村中共有七所）里读书，读了九年（1895—1904）。在这个期间，我读习并记诵了下列几部书：

1.《孝经》：孔子后的一部经籍，作者不明。

2.《小学》：一部论新儒教道德学说的书，普通谓系宋哲朱熹所作。

3.《四书》：《论语》《孟子》《大学》《中庸》。

4.《五经》中的四经：《诗经》《尚书》《易经》《礼记》。

我母亲对于家用向来是节省的，而付我先生的学金，却坚要比平常要多三倍。平常学金两块银元一年，她首先便送六块钱，后又逐渐增加到十二元。由增加学金这一点小事情，我得到千百倍于上述数目比率所未能给的利益。因为那两元的学生，单单是高声朗读，用心记诵，先生从不劳神去对他讲解所记的字。独我为了有额外学金的缘故，得享受把功课中每字每句解给我听，就是将死板文字译作白话这项难得的权利。

我年还不满八岁，就能自已念书。由我二哥的提议，先生使我读《资治通鉴》。这部书，实在是大历史家司马光于1084年所辑编年式的中国通史。这番读史，使我发生很大的兴趣，我不久就从事把各朝代各帝王各年号编成有韵的歌诀，以资记忆。

随后有一天，我在叔父家里的废纸箱中，偶然看见一本《水浒传》的残本，便站在箱边把它看完了。我跑遍全村，不久居然得着全部。从此以后，我像老饕一般读尽了本村邻村所知的小说。这些小说都是用白话或口语写的，既易了解，又有引人入胜的趣味。它们教我人生，好的也教，坏的也教，又给了我一件文艺的工具，若干年后，使我能在中国开始众所称为“文艺复兴”的运动。

其时，我的宗教生活经过一个特异的激变。我系生长在拜偶像的环境，习于诸神凶恶丑怪的面孔，和天堂地狱的民间传说。我十一岁时，一日，温习朱子的《小学》，这部书是我能背诵而不甚了解的。我念到这位理学家引司马光那位史家攻击天堂地狱的通俗信仰的话。这段话说：“形既朽灭，神亦飘散，虽有判烧舂磨，亦无所施。”这话好像说得很有道理，我对于死后审判的观念，就开始怀疑起来。

往后不久，我读司马光的《资治通鉴》，读到第一百三十六卷中有一段，使我成了一个无神论者。所说起的这一段，述纪公元5世纪一位名叫范缜的哲学家，与朝众竞辩“神灭论”。朝廷当时是提倡大乘佛法的。范缜的见解，由司马光摄述为这几句话：“形者神之质，神者形之用也。神之于形，犹利之于刃。未闻刃没而利存，岂容形亡而神在哉？”

这比司马光的形灭神散的见解——一种仍认有精神的理论——还更透彻有理。范缜根本否认精神为一种实体，谓其仅系神之用。这一番化繁为简合着我儿童的心胸。读到“朝野喧哗，难之，终不能屈”，更使我心悦。

同在那一段内，又引据范缜反对因果轮回说的事。他与竟陵王谈论，王对他说："君不信因果，何得有富贵贫贱?"范缜答道："人生如树花同发，随风而散；或拂帘幌，坠茵席之上；或关篱墙，落粪溷之中。堕茵席者，殿下是也；落粪溷者，下官是也。贵贱虽复殊途，因果竟在何处?"

因果之说，由印度传来，在中国人思想生活上已成了主要部分的少数最有力的观念之一。中国古代道德家，常以善有善报、恶有恶报为训。但在现实生活上并不真确。佛教的因果优于中国果报观念的地方，就是可以躲过这个问题，将其归之于前世来世不断的轮回。

但是范缜的比喻，引起了我幼稚的幻想，使我摆脱了恶梦似的因果绝对论。这是以偶然论来对定命论。而我以十一岁的儿童就取了偶然论而叛离了运命。我在那个儿童时代是没有牵强附会的推理的，仅仅是脾性的迎拒罢了。我是我父亲的儿子，司马光和范缜又得了我的心。仅此而已。

4

但是这一种心境的激变，在我早年不无可笑的结果。1903 年的新年里，我到我住在二十四里外的大姊家去拜年。在她家住了几天，我和她的儿子回家，他是来给我母亲拜年。他家的一个长工替他挑着新年礼物。我们回到路上，经过一个亭子，供着几个奇形怪状的神像。我停下来对我外甥说：

“这里没有人看见，我们来把这几个菩萨抛到污泥坑里去罢。”我这带孩子气的毁坏神像主张，把我的同伴大大地吓住了。他们劝我走路，莫去惹那些本来已经濒于危境的神道。

这一天正是元宵灯节。我们到了家中，家里有许多客人，我的肚子已经饿了，开饭的时候，我外甥又劝我喝了一杯烧酒。酒在我的肚子里，便作怪起来。我不久便在院子里跑，喊月亮下来看灯。我母亲不悦，叫人来捉我。我在他们前头跑，酒力因我跑路，作用更起得快。我终被捉住，但还努力想挣脱。我母亲抱住我，不久便有许多人朝我们围拢来。

我心里害怕，便胡言乱道起来。于是我外甥家的长工走到我母亲身边，低低地说：“外婆，我相信他定是精神错乱了。恐怕是神道怪了他。今天下午我们路过三门亭，他提议要把几尊菩萨抛到污泥坑里去。一定是这番话弄出来的事。”我窃听了长工的话，忽然想出一条妙计。我喊叫得更凶，好像我就真是三门亭的一个神一样。我母亲于是便当空焚香祷告，说我年幼无知无咎，许下如果蒙神恕我小孩子的罪过，定到亭上去烧香还愿。

这时候，得报说龙灯来了，在我们屋里的人，都急忙跑去看，只剩下我和母亲两个人。一会儿我就睡着了。母亲许的愿，显然是灵应了。一个月后，我母亲和我上外婆家去，她叫我恭恭敬敬地在三门亭还我们许下的愿。

5

我年甫十三，即离家上路七日，以求“新教育”于上海。自这次别离后，我于十四年之中，只省候过我母亲三次，一总同她住了大约七个月。出自她对我伟大的爱忱，她送我出门，分明没有洒过一滴眼泪就让我在这广大的世界中，独自求我自己的教育和发展，所带着的，只是一个母亲的爱，一个读书的习惯，和一点点怀疑的倾向。

我在上海过了六年（1904—1910），在美国过了七年（1910—1917）。在我停留在上海的时期内，我经历过三个学校（无一个是教会学校），一个都没有毕业。我读了当时所谓的“新教育”的基本东西，以历史、地理、英文、数学，和一点零碎的自然科学为主。从已故林纾氏及其他诸人的意译文字中，我初次认识一大批英国和欧洲的小说家，司各特（Scott）、狄更斯（Dickens）、大小仲马（Dumaspère and fils）、雨果（Hugo）以及托尔斯泰（Tolstoy）等氏的都在内。我读了中国上古、中古几位非儒教和新儒教哲学家的著作，并喜欢墨翟的兼爱说与老子、庄子有自然色彩的哲学。

从当代力量最大的学者梁启超氏的通俗文字中，我渐得略知霍布斯（Hobbes）、笛卡儿（Descartes）、卢梭（Rousseau）、边沁（Bentham）、康德（Kant）、达尔文（Darwin）

等诸泰西思想家。梁氏是一个崇拜近代西方文明的人，连续发表了一系列文字，坦然承认中国人以一个民族而言，对于欧洲人所具的许多良好特性，感受缺乏；显著的是注重公共道德，国家思想，爱冒险，私人权利观念与热心防其被侵，爱自由，自治能力，结合的本事与组织的努力，注意身体的培养与健康等。就是这几篇文字猛力把我以我们古旧文明为自足，除战争的武器，商业转运的工具外，没有什么要向西方求学的这种安乐梦中，震醒出来。它们开了给我，也就好像开了给几千几百别的人一样，对于世界整个的新眼界。

我又读过严复所译穆勒（John Stuart Mill）的《自由论》（On Liberty）和赫胥黎（Huxley）的《天演论》（Evolution and Ethic）。严氏所译赫胥黎的论著，于1898年就出版，并立即得到知识阶级的接受。有钱的人拿钱出来翻印新版以广流传（当时并没有版权），因为有人以达尔文的言论，尤其是它在社会上与政治上的运用，对于一个感受惰性与濡滞日久的民族，乃是一个合宜的刺激。

数年之间，许多的进化名词在当时报章杂志的文字上，就成了口头禅。无数的人，都采来做自己的和儿辈的名号，由是提醒他们国家与个人在生存竞争中消灭的祸害。向尝一度闻名的陈炯明以“竟存”为号。我有两个同学名杨天择和孙竞存。

就是我自己的名字，对于中国以进化论为时尚，也是一个证据。我请我二哥替我起个学名的那天早晨，我还记得清楚。他只想了一刻，他就说，"'适者生存'中的'适'字怎么样?"我表示同意；先用来做笔名，最后于1910年就用作我的名字。

6

我对于达尔文与斯宾塞两氏进化假说的一些知识，很容易地与几个中国古代思想家的自然学说联了起来。例如在道家伪书《列子》所述的下面这个故事中，发现二千年前有一个一样年轻，同抱一样信仰的人，使我的童心欢悦：

> 齐田氏祖于庭，食客千人。中坐有献鱼雁者，田氏视之，乃叹曰："天之于民厚矣！殖五谷，生鱼鸟以为之用。"众客和之如响。鲍氏之子，年十二，预于次，进曰："不如君言。天地万物，与我并生，类也。类无贵贱，徒以大小智力而相制，迭相食，非相为而生之。人取食者而食之，岂天本为人而生之？且蚊蚋噆肤，虎狼食肉，岂天本为蚊蚋生人，虎狼生肉者哉?"

1906年，我在中国公学同学中，有几位办了一个定期刊物，名《竞业旬报》，——达尔文学说通行的又一例子——

其主旨在以新思想灌输于未受教育的民众，系以白话刊行。我被邀在创刊号撰稿。一年之后，我独自做编辑。我编辑这个杂志的工作不但帮助我启发运用现行口语为一种文艺工具的才能，且以明白的话语及合理的次序，想出自我幼年就已具了形式的观念和思想。在我为这个杂志所著的许多论文内，我猛力攻击人民的迷信，且坦然主张毁弃神道，兼持无神论。

1908 年，我家因营业失败，经济大感困难。我于十七岁上，就必需供给我自己读书，兼供养家中的母亲。我有一年多停学，教授初等英文，每日授课五小时，月得修金八十元。1910 年，我教了几个月的国文。

那几年（1909—1910）是中国历史上的黑暗时代，也是我个人历史上的黑暗时代。革命在好几省内爆发，每次都归失败。中国公学原是革命活动的中心，我在那里的旧同学参加此等密谋的实繁有徒，丧失生命的为数也不少。这班政治犯有好些来到上海与我住在一起，我们都是意气消沉，厌世悲观的。我们喝酒，作悲观的诗词，日夜谈论，且往往作没有输赢的赌博。我们甚至还请了一个老伶工来教我们唱戏。有一天早上，我作了一首诗，中有这一句："霜浓欺日淡！"（"How proudly does the wintry frost scorn the powerless rays of the sun."）

意气消沉与执劳任役驱使我们走入了种种的流浪放荡。有一个雨夜，我喝酒喝得醺醺大醉，在街上与巡捕角斗，把我自己弄进监里去关了一夜。到我次晨回寓，在镜中看出我脸上的血痕，就记起李白饮酒歌中的这一句：“天生我材必有用。”（Some use might yet be made of this material born in me.）我决心脱离教书和我的这班朋友。下了一个月的苦工夫，我就前往北京投考用美国退还庚子赔款所设的学额。我考试及格，即于七月间放洋赴美。

7

我到美国，满怀悲观。但不久便交结了些朋友，对于那个国家和人民都很喜爱。美国人出自天真的乐观与朝气给了我很好的印象。在这个地方，似乎无一事一物不能由人类智力做得成的。我不能避免这种对于人生持有喜气的眼光的传染，数年之间，就渐渐治疗了我少年老成的态度。

我第一次去看足球比赛时，我坐在那里以哲学的态度看球赛时的粗暴及狂叫欢呼为乐。而这种狂叫欢呼在我看来，似乎是很不够大学生的尊严的。但是到竞争愈渐激烈，我也就开始领悟这种热心。随后我偶然回头望见白了头发的植物学教授劳理先生（Mr. W. W. Rowlee）诚心诚意地在欢呼狂叫，我觉得如是的自惭，以致我不久也就热心地陪着众人欢呼了。

就是在民国初年最黑暗的时期内，我还是想法子打起我的精神。在致一个华友的信里面，我说道：“除了你我自己灰心失意，以为无希望外，没有事情是无希望的。”在我的日记上，我记下些引录的句子，如引克洛浦（Clough）的这一句：“如果希望是麻醉物，恐惧就是作伪者。”又如我自己译自勃朗宁的这一节诗：

从不转背而挺身向前，
从不怀疑云要破裂，
虽合理的弄糟，违理的占胜，
而从不作迷梦的，
相信我们沉而再升，败而再战，
睡而再醒。

1914年1月，我写这一句在我的日记上：“我相信我自离开中国后，所学得的最大的事情，就是这种乐观的人生哲学了。”1915年，我以关于勃朗宁最优的论文得受柯生奖金（Hiram Corson Prize）。我论文的题目是《勃朗宁乐观主义辨》（In Defense of Browning's Optimism）。我想来大半是我渐次改变了的人生观使我于替他辩护时，以一种诚信的意识来发言。

我系以在康奈耳大学做纽约农科学院的学生开始我的大学生涯。我的选择是根据了当时中国盛行的，谓中国学生须学点有用的技艺，文学、哲学是没有什么实用的这个信念。但是也有一个经济的动机。农科学院当时不收学费，我心想或许还能够把每月的月费省下一部来汇给我的母亲。

农场上的经验我一点都不曾有过，并且我的心也不在农业上。一年级的英国文学及德文课程，较之农场实习和养果学，反使我感觉兴趣。踌躇观望了一年又半，以立即缴纳四个学期的学费为处罚，以受了八个月困扰为代价，我最后转入文理学院。但是我对于我的新学科觉得更为自然，从不懊悔这番改变。

有一科“欧洲哲学史”——归故克莱顿教授（Professer J. E. Creighton）那位恩师主持——领导我以哲学做了主科。我对于英国文学与政治学也深有兴趣。康奈耳的哲学院（The Sage Schcool of Philosophy）是唯心论的重镇。在其领导之下，我读了古代近代古典派哲学家比较重要的著作。我也读过晚近唯心论者如贝克莱（Bradley）、鲍桑葵（Bosanquet）等的作品，但是他们提出的问题从未引起我的兴趣。

1915年，我往哥伦比亚大学（Columbia University），就学于杜威教授（Professor John Dewey），直至1917年我回国之时为止。得着杜威的鼓励，我著成我的论文《先秦名学史》这篇论文，使我把中国古代哲学著作重读一过，并立下我对于中国思想史的一切研究的基础。

8

我留美的七年间，我有许多课外的活动，影响我的生命和思想，说不定也与我的大学课业一样。当意气颓唐的时候，我对于基督教大感兴趣，且差不多把《圣经》读完。1911 年夏，我出席于在宾夕法尼亚（Pennsylvania）普柯诺派恩司（Pocono Pines）举行的中国基督教学生会的大会做来宾时，我几乎打定主意做了基督徒。

但是我渐渐地与基督教脱离，虽则我对于其发达的历史曾多有习读，因为有好久时光我是一个信仰无抵抗主义的信徒。耶稣降生前五百年，中国哲学家老子曾传授过上善若水，水善应万物而不争。我早年接收老子的这个教训，使我大大地爱着《登山宝训》。

1914 年，世界大战爆发，我深为比利时的命运所动，而成了一个确定的无抵抗者。我在康奈耳大同俱乐部（Cornell Cosmopolitan Club）住了三年，结交了许多各种国籍的热心朋友。受着像那士密氏（George Nasmyth）和麦慈（John Mez）那样唯心的平和论者的影响，我自己也成了一个热心的平和论者。大学废军联盟因维腊特（Qswald Garrison Villard）的提议而成立于 1915 年，我是其创办人之一。

到后来，各国际政治俱乐部（International Polity Clubs）

成立，我在那士密氏和安格尔（Norman Angell）的领导之下，做了一个最活动的会员，且曾参加过其起首两届的年会。1916年，我以我的论文《国际关系中有代替武力的吗?》（Is There a Substitute for Force in International Relations?）得受国际政治俱乐部的奖金。在这篇论文里面，我阐明依据以法律为有组织的武力建立一个国际联盟的哲理。

我的和平主义与国际大同主义往往使我陷入十分麻烦的地位。日本由攻击德国在山东的领土以加入世界大战时，向世界宣布说，这些领土"终将归还中国"。我是留美华人中唯一相信这个宣言的人，并以文字辨驳说，日本于其所言，说不定是意在必行的。关于这一层，我为许多同辈的学生所嘲笑。及1915年日本提出有名的对华二十一条件，留美学生，人人都赞成立即与日本开战。我写了一封公开的信给《中国留美学生月报》，劝告处之以温和，持之以冷静。我为这封信受了各方面的严厉攻击，且屡被斥为卖国贼。战争是因中国接受一部要求而得避免了，但德国在华领土则直至七年之后才交还中国。

我读易卜生（Ibsen）、莫黎（John Morley）和赫胥黎诸氏的著作，教我思考诚实与发言诚实的重要。我读过易卜生所有的戏剧，特别爱看《人民公敌》（An Enemy of the People）、莫黎的《论妥协》（On Compromise），先由我的好友威廉思女士（Miss Edith Clifford Williams）介绍给我，她是一直做了左右我生命最重要的精神力量。莫黎曾教我："一种主义，如果健全的话，是代表一种较大的便宜的。为了一时似是而非的便宜而将其放弃，乃是为小善而牺牲大善。疲弊时代，剥夺高贵的行为和向上的品格，再没有什么有这样拿得定的了。"

赫胥黎还更进一步教授一种理知诚实的方法。他单单是说："拿也如同可以证明我相信别的东西为合理的那种种证据来，那么我就相信人的不朽了。向我说类比和或能是无用的。我说我相信倒转平方律时，我是知道我意何所指的，我必不把我的生命和希望放在较弱的信证上。"赫胥黎也曾说过："一个人生命中最神圣的举动，就是说出并感觉得我相信某项某项是真的。生在世上一切最大的赏，一切最重要的罚，都是系在这个举动上。"

人生最神圣的责任是努力思想得好（to think well），我就是从杜威教授学来的。或思想得不精，或思想而不严格的到它的前因后果，接受现成的整块的概念以为思想的前提，而于不知不觉间受其个人的影响，或多把个人的观念由造成结果而加以测验，在理知上都是没有责任心的。真理的一切最大的发现，历史上一切最大的灾祸，都有赖于此。

杜威给了我们一种思想的哲学，以思想为一种艺术，为一种技术。在《思维术》（How To Think）和《实验逻辑论文集》（Essays in Experimental Logic）里面，他制出这项技术。我察出不但于实验科学上的发明为然，即于历史科学上最佳的探讨，内容的详定，文字的改造，及高等的批评等也是如此。在这种种境域内，曾由同是这个技术而得到最佳的结果。这个技术主体上是具有大胆提出假设，加上诚恳留意于制裁与证实。这个实验的思想技术，堪当创造的智力（creative intelligence）这个名称，因其在运用想象机智以寻求证据，做成实验上，和在自思想有成就的结实所发出满意的结果上，实实在在是有创造性的。

奇怪之极，这种功利主义的逻辑竟使我变成了一个做历史探讨工作的人。我曾用进化的方法去思想，而这种有进化性的思想习惯，就做了我此后在思想史及文学工作上的成功之钥。尤更奇怪的，这个历史的思想方法并没有使我成为一个守旧的人，而时常是进步的人。例如，我在中国对于文学革命的辩论，全是根据无可否认的历史进化的事实，且一向都非我的对方所能答复得来的。

9

我母亲于 1918 年逝世。她的逝世，就是引导我把我在这广大世界中摸索了十四年多些的信条第一次列成条文的时机。这个信条系于 1919 年发表在以《不朽》（Immortality，My Religion）为题的一篇文章里面。

因有我在幼童时期读书得来的学识，我早久就已摒弃了个人死后生存的观念了。好多年来，我都是以一种“三不朽”的古说为满意，这种古说我是在《春秋左氏传》里面找出来的。传记里载贤臣叔孙豹于纪元前 548 年（时孔子还只有三岁。译者按，即鲁襄公二十四年）谓有立德、立功、立言三不朽。此三者“虽久不忘，此之谓不朽”。这种学说引动我心有如是之甚，以致我每每向我的外国朋友谈起，并给了它一个名字，叫做“三 W 的不朽主义”（三 W 即 Worth，Work，Words 三字的头一个字母）。

我母亲的逝世使我重新想到这个问题。我就开始觉得三不朽的学说有修正的必要。第一层，其弱点在太过概括一切。在这个世界上，有多少人其在德行功绩言语上的成就，其哲理上的智慧能久久不忘的呢？例如哥伦布是可以不朽的了，但是他那些别的水手怎样呢？那些替他造船或供给他用具的人，那许多或由作有勇敢的思考，或由在海洋中作有成无成的探险，替他铺下道路的前导又怎样呢？简括地说，一个人应有多大的成就，才可以得不朽呢？

次一层，这个学说对于人类的行为没有消极的裁制。美德固是不朽的了，但是恶德又怎样呢？我们还要再去借重审判日或地狱之火吗？

我母亲的活动从未超出家庭间琐屑细事之外，但是她的左右力，能清清楚楚地从来吊祭她的男男女女的脸上看得出来。我检阅我已死的母亲的生平，我追忆我父亲个人对她毕生左右的力量，及其对我本身垂久的影响，我遂诚信一切事物都是不朽的。我们所做的一切什么人，我们所干的一切什么事，我们所讲的一切什么话，从在世界上某个地方自有其影响这个意义看来，都是不朽的。这个影响又将依次在别个地方有其效果，而此事又将继续入于无限的空间与时间。

正如莱布尼兹（Leibnitz）有一次所说，“人人都感觉到在宇宙中所经历的一切，以使那目睹一切的人，可以从经历其他各处的事物，甚至曾经并将识别现在的事物中，解释出在时间与空间上已被移动的事物。我们是看不见一切的，但一切事物都在那里，达到无穷境无穷期”。一个人就是他所吃的东西，所以达柯塔的务农者，加利芳尼亚的种果者，以及千百万别的粮食供给者的工作，都是生活在他的身上。一个人就是他所想的东西，所以凡曾于他有所左右的人——自苏格拉底（Socrates）、柏拉图（Plato）、孔子以至于他本区教会的牧师和抚育保姆——都是生活在他的身上。一个人也就是他所享乐的东西，所以无数美术家和以技取悦的人，无论现尚生存或久已物故，有名无名，崇高粗俗，都是生活在他的身上。诸如此类，以至于无穷。

一千四百年前，有一个人写了一篇论“神灭”的文章，被认为亵渎神圣，有如是之甚，以致其君皇敕七十个大儒来相驳难，竟给其驳倒。但是五百年后，有一位史家把这篇文章在他的伟大的史籍中纪了一个撮要。又过了九百年，然后有一个十一岁的小孩偶然碰到这个三十五个字的简单撮要，而这三十五个字，于埋没了一千四百年之后，突然活了起来而生活于他的身上，更由他而生活于几千百个男男女女的身上。

1912年，我的母校来了一位英国讲师，发表一篇演说：《论中国建立共和的不可能》。他的演讲当时我觉得很为不通，但是我以他对于母音O的特异的发音方法为有趣，我就坐在那里摹拟以自娱。他的演说久已忘记了，但是他对于母音O的发音方法，这些年来却总与我不离，说不定现在还在我的几千百个学生的口上，而从没有觉察到是由于我对于布兰特先生（Mr. J. C. P. Bland）的恶作剧的摹仿，而布兰特先生也是从不知道的。

两千五百年前，喜马拉雅山的一个山峡里死了一个乞丐。他的尸体在路傍已在就腐了，来了一个少年王子，看见这个怕人的景象，就从事思考起来。他想到人生及其他一切事物的无常，遂决心脱离家庭，前往旷野中去想出一个自救以救人类的方法。多年后，他从旷野里出来，做了释迦佛，而向世界宣布他所找出的拯救的方法。这样，甚至一个死丐尸体的腐溃，对于创立世界上一个最大的宗教，也曾不知不觉地贡献了其一部分。

这一个推想的线索引导我信了可以称为社会不朽（Social

Immortality）的宗教，因为这个推想在大体上全系根据于社会对我的影响，日积月累而成小我，小我对于其本身是些什么，对于可以称社会、人类或大自在的那个大我有些什么施为，都留有一个抹不去的痕记这番意思。小我是会要死的，但是他还是继续存活在这个大我身上。这个大我乃是不朽的，他的一切善恶功罪，他的一切言行思想，无论是显著的或细微的，对的或不对的，有好处或有坏处——样样都是生存在其对于大我所产生的影响上。这个大我永远生存，做了无数小我胜利或失败的垂久宏大的左证。

这个社会不朽的概念之所以比中国古代三不朽学说更为满意，就在于包括英雄圣贤，也包括贱者微者，包括美德，也包括恶德，包括功绩，也包括罪孽。就是这项承认善的不朽，也承认恶的不朽，才构成这种学说道德上的许可。一个死尸的腐烂可以创立一个宗教，但也可以为患全个大陆。一个酒店侍女偶发一个议论，可以使一个波斯僧侣豁然大悟，但是一个错误的政治或社会改造议论，却可以引起几百年的杀人流血。发现一个极微的杆菌，可以福利几千百万人，但是一个害痨的人吐出的一小点痰涎，也可以害死大批的人，害死几世几代。

人所做的恶事，的确是在他们身后还存在的！就是明白承认行为的结果才构成我们道德责任的意识。小我对于较大的社会的我负有巨大的债项，把他干的什么事情，作的什么思想，做的什么人物，概行对之负起责任，乃是他的职分。人类之为现在的人类，固是由我们祖先的智行愚行所造而成，但是到我们做完了我们分内时，我们又将由人类将成为怎么样而受裁判了。我们要说，“我们之后是大灾大厄”吗？抑或要说，“我们之后是幸福无疆”吗？

10

1923 年，我又得了一个时机把我们信条列成更普通的条文。地质学家丁文江氏所著，在我所主编的一个周报上发表，论《科学与人生观》的一篇文章，开始了一场差不多延持了一个足年的长期论战。在中国凡有点地位的思想家，全都曾参与其事。到 1923 年终，由某个善经营的出版家把这论战的文章收集起来，字数竟达二十五万。我被请为这个集子作序。我的序言给这本已卷帙繁重的文集又加了一万字，而以我所拟议的“新宇宙观和新人生观的轮廓”为结论，不过有些含有敌意的基督教会，却以恶作剧的口吻，称其为“胡适的新十诫”，我现在为其自有其价值而选译出来：

1. 根据于天文学和物理学的知识，叫人知道空间的无限之大。

2. 根据于地质学及古生物学的知识，叫人知道时间的无穷之长。

3. 根据于一切科学，叫人知道宇宙及其中万物的运行变迁皆是自然的——自己如此的——正用不着什么超自然的主宰或造物者。

4. 根据于生物学的科学知识，叫人知道生物界的生存竞争的浪费与惨酷——因此叫人更可以明白那“有好生之德”的主宰的假设是不能成立的。

5. 根据于生物学、生理学、心理学的知识，叫人知道人不过是动物的一种；他和别种动物只有程序的差异，并无种类的区剐。

6. 根据于生物的科学及人类学、人种学、社会学的知识，叫人知道生物及人类社会演进的历史和演进的原因。

7. 根据于生物的及心理的科学，叫人知道一切心理的现象都是有因的。

8. 根据于生物学及社会学的知识，叫人知道道德礼教是变迁的，而变迁的原因都是可以用科学的方法寻求出来的。

9. 根据于新的物理化学的知识，叫人知道物质不是死的，是活的；不是静的，是动的。

10. 根据于生物学及社会学的知识，叫人知道个人——“小我”——是要死灭的，而人类——“大我”——不是死的，不朽的；叫人知道“为全种万世而生活”就是宗教，就是最高的宗教。而那些替个人谋死后的“天堂”“净土”的宗教，乃是自私自利的宗教。

我结论道：

这种新人生观是建筑在二三百年的科学常识之上的一个大假设，我们也许可以给他加上“科学的人生观”的尊号。但为避免无谓的争论起见，我主张叫他做“自然主义的人生观”。

我们在那个自然主义的宇宙里，在那无穷之大的空间里，在那无穷之长的时间里，这个平均高五尺六寸，上寿不过百年的两手动物——人——真是一个藐乎其小的微生物了。在那个自然主义的宇宙里，天行是有常度的，物变是有自然法则的，因果的大法支配着他——人——的一切生活，生存竞争的惨剧鞭策着他的一切行为，——这个两手动物的自由真是很有限的了。

然而那个自然主义的宇宙里的这个渺小的两手动物，却也有他的相当的地位和相当的价值。他用的两手和一个大脑，居然能作出许多器具，想出许多方法，造成一点文化。他不但驯伏了许多禽兽，他还能考究宇宙间的自然法则，利用这些法则来驾驭天行，到现在他居然能叫电气给他赶车，以太给他送信了。

他的智慧的长进就是他的能力的增加。然而智慧的长进却又使他的胸襟扩大，想像力提高。他也曾拜物拜畜生，也曾怕神怕鬼，但他现在渐渐地脱离了这种种幼稚的时期，他现在渐渐明白：空间之大只增加他对于宇宙的美感；时间之长只使他格外明了祖宗创业之艰难；天行之有常只增加他制裁自然界的能力。

甚至于因果律之笼罩一切，也并不见得束缚他的自由。因为因果律的作用，一方面使他可以由因求果，由果推因，解释过去，预测未来；一方面又使他可以运用他的智慧，创造新因，以求新果。甚至于生存竞争的观念也并不见得就使他成为一个冷酷无情的畜生，也许还可以格外增加他对于同类的同情心，格外使他深信互助的重要，格外使他注重人为的努力，以减免天然竞争的惨酷与浪费。总而言之，这个自然主义的人生观里，未尝没有美，未尝没有诗意，未尝没有道德的责任，未尝没有充分运用创造的智慧的机会。

明耀五　译

南游杂忆

我这一次因为接受香港大学的名誉学位，作第一次的南游，在香港住了五天，在广州住了两天半，在广西住了十四天。这些地方都是我多年想去而始终没有去成的，这回得有畅游的机会，使我很快慰。可惜南方的朋友待我太好了，叫我天天用嘴吃喝，天天用嘴说话，嘴太忙，所以用眼睛耳朵的机会太少了。前后二十多天之中，我竟没有工夫记日记。后来在《大公报》和《国闻周报》上读了胡政之先生的两种两粤游记，我很感觉惭愧。他游两粤，恰在我之后，走的路也恰和我走的大致一样；但他是一个有训练的名记者，勤于记载每天的观察，所以他的游记很可供读者的参考。我因为当时没有日记，回家后又两次患流行性感冒，前后在床上睡了十天，事隔日久，追忆起来更模糊了。但因为许多朋友的催逼，所以我决定写出一些追忆的印象和事实，做我第一次南游的报告。

一、香港

我在元旦上午坐哈里生总统船南下，1 月 4 日早晨到香港，住在香港大学副校长韩耐儿（Sir William Hornel）的家里。我在香港的日程，先已托香港大学文学院长佛斯脱先生（Dr. L. Forster）代为排定。西洋人是能体谅人的，所以每天上午都留给我自由支配，一切宴会讲演都从下午一点开始。所以我在港五天，比较很从容，玩了不少地方。

船到香港时，天还未明，我在船面上眺望，看那轻雾中的满山灯光，真像一天繁星。韩校长的家在半山，港大也在半山，在山上望见海湾，望见远近的岛屿，气象比青岛、大连更壮丽。香港的山虽不算很高，但几面都靠海，山和海水的接近，是这里风景的特色。有一天佛斯脱先生夫妇邀我去游览香港市的背面的山水，遍览浅水湾、深水湾、香港仔、赤柱各地。阳历的 1 月正是香港最好的天气。满山都是绿叶，到处可以看见很浓艳的鲜花；我们久居北方的人，到这里真有“赶上春了”的快乐。我们在山路上观看海景，到圣士梯反学校小坐喝茶，看海上的斜阳，风景特别清丽。晚上到佛斯脱先生家去吃饭，坐电车上山，走上山顶（The Peak），天已黑了，山顶上有轻雾，远望下去，看那全市的灯火，气象比纽约和旧金山的夜色还更壮丽。有个朋友走遍世界的，曾说，香港的夜景，只有南美洲巴西首都丽阿德耶内罗（Rio De Janeiro，即里约热内卢）和澳洲的西德内（Sydney，即悉尼）两处可以相比。过了一天，有朋友邀我去游九龙，因时间太晚，走的不远，但大埔和水塘一带的风景的美丽已够使我们惊异了。

有一天，我在扶轮社午餐后演说，提到香港的风景之美，我说：香港应该产生诗人和画家，用他们的艺术来赞颂这里的海光山色。有些人听了颇感觉诧异。他们看惯了，住腻了，终日只把这地方看作一个吃饭做买卖的商场，所以不能欣赏那山水的美景了。但二十天之后，我从广西回到香港时，有人对我说，香港商会现在决定要编印一部小册子，描写香港的风景，他们准备印两万本，来宣传香港的山水之美！

香港大学最有成绩的是医科与工科，这是外间人士所知道的。这里的文科比较最弱，文科的教育可以说是完全和中国大陆的学术思想不发生关系。这是因为此地英国人士向来对于中国文史太隔膜了，此地的中国人士又太不注意港大文科的中文教学，所以中国文字的教授全在几个旧式科第文人的手里，大陆上的中文教学早已经过了很大的变动，而港大还完全在那变动大潮流之外。近年副校长韩君与文学院长佛君都很注意这个问题，他们两人去年都曾到北方访问考查；

去年夏天港大曾请广东学者陈受颐先生和客肇祖先生到这里来研究港大的中文教学问题，请他们自由批评并指示改革的途径。这种虚心的态度是很令人佩服的。我在香港时，很感觉港大当局确有改革文科中国文字教学的诚意，本地绅士如周寿臣、罗旭和诸先生也都热心赞助这件改革事业。但他们希望一个能主持这种改革计划的人，这个人必须兼有四种资格：一、须是一位高明的国学家；二、须能通晓英文，能在大学会议席上为本系辩护；三、须是一位有管理才干的人；四、最好须是一位广东籍的学者。因为这样的人才一时不易得，所以这件改革事业至今还不曾进行。

香港大学创始于爱里鹗爵士（Sir Charles Eliot），此君是一位博学的学者，精通梵文和巴利（Pali）文，著有《印度教与佛教》三巨册；晚年曾任驻日本大使，退休后即寄居奈良，专研究日本的佛教，想著一部专书。书稿未成，他因重病回国，死在印度洋的船上。1927 年 5 月，我从美国回来，过日本奈良，曾在奈良旅馆里见着他。那一天同餐的，有法国的勒卫先生（Syluan Levi），瑞士（现改法国籍）的戴弥微先生（Demieville），日本的高楠顺次郎先生和法隆寺的佐伯方丈，五国的研究佛教的学人聚在一堂，可称盛会。于今不过八年，那几个人都云散了，而当日餐会的主人已葬在海底了！

爱里鹗校长是最初推荐钢和泰先生（Baron Stae-Holstein）

给北京大学的人。钢先生从此留在北京，研究佛教，教授梵文和藏文，至今十五六年了。香港大学对中国学术上的贡献，大概要算这件事为最大。可惜爱里鹗以后，这样的学术上的交通就不曾继续了。

香港的教育问题，不仅是港大的中文教学问题。我在香港曾和巢坤霖先生、罗仁伯先生细谈，才知道中小学的中文教学问题更是一个急待救济的问题。香港的人口，当然绝大数是中国人。他们的儿童入学，处处感觉困难，最大的困难是那绝大多数的华文学校和那少数的英文中学不能相衔接，华文学校是依中国新学制的六六制办的，小学六年，中学也六年。英文中学却有八年。依年龄的分配，在理论上，一个儿童读了四年小学，应该可以接上英文中学的最低级（第八级）。事实上却不然，华人子弟往往要等到初中二三年（即第八九年）方才能考英文中学。其间除了英文之外，其余的他种学科都是学过了还须重习的。这样的不相衔接，往往使儿童枉费去三年至五年的光阴。所以这是一个最严重的问题。香港与九龙的华文学校约有八百所，其中六百校是完全私立的，二百校是稍有政府津贴的。英文学校之中，私立的约有一百校，其余最好的三十校又分三种：一种是官立的，一种是政府补助的，一种是英国教会办的。因为全港受英国统治与商业的支配，教学生的升学当然大家倾向那三十所设备最好的英文中学。无力升学的学生，也因为工商业都需要英文与英语，也都有轻视其他学科的倾向，还有一些人家，因为香港生活成本太高，学费太贵，往往把子弟送往内地去求学；近年中国学校不能收未立案的学校的学生，所以叫香港儿童如想在内地升学，必须早入中国的立案学校。所以香港的中小学的教学问题最复杂。家长大都希望子弟能早学英文，又都希望他们能多学一点中国文字，同时广东人的守旧风气又使他们迷恋中国古文，不肯彻底改用国语课本。结果是在绝大多数的中文学校里，文言课本还是很占势力，师资既不易得，教学的成绩自然不会好了。

罗仁伯先生是香港中文学校的视学员，他是很虚心考虑这个中文教学问题的，他也不反对白话文。但他所顾虑的是：白话文不是广东人的口语，广东儿童学白话未必比学文言更容易，也未必比学文言更有用。这不仅是他一个人的顾虑，广东朋友往往有这种见解。其实这种意思是错的。第一，今日的“国语”本是一种活的方言，因为流行最广，又已有文学作品做材料，所以最容易教学；学了也最有用。广东话也是一种活的方言，但流行比较不远，又产生的文学材料太少，所以不适宜用作教学工具。广东人虽不说国语，但他们看白话小说，新体白话文字，究竟比读古书容易得多了。第二，“广东话”决不能解决华南一带语言教学问题，因为华南的语言太复杂了，广东话之外，还有客话、潮州话等。所以用国语作统一的语言实在比在华北、华中还更需要。第三，古文是不容易教的，越下去，越不容易得古文师资了。而国语师资比较容易培养。第四，国语实在比古文丰富得多，从国语入手，把一种活文字弄通顺了，有志学古文的人将来读古书也比较容易。第五，我想香港的小学中学若彻底改用国语课本，低级修业年限或可以缩短一二年。将来谋中文学校与英文中学的衔接与整理，这也许是很可能的一个救济方法——以我对于香港的教育家，很诚恳地希望他们一致地改用国语课本。

我在香港讲演过五次：三次用英文，两次用国语。在香港用国语讲演，不是容易的事。1 月 6 日下午，我在香港华侨教育会向两百多华文学校的教员演说了半点钟，他们都说可以勉强听官话，所以不用翻成广东话。我说的很慢，自信是字字句句清楚的。因为我怕他们听不明白，所以那篇演说里没有一句不是很浅近的话。第二天各华字报登出会场的笔记，我在《大光报》上读了一遍，觉得大旨不错，我很高兴，因为这样一篇有七八成正确的笔记使我相信香港的中小学教员听国语的程度并不坏，这是最可乐观的现象，在十年前这是决不可能的。后来广州各报转载的，更后来北方各报转载的，大概都出于一个来源，都和《大光报》相同。其中当然有一些听错的地方，和记述白话语气不完全的地方。例如我提到教育部王部长的广播演说，笔记先生好像不知道王世杰先生，所以记作汪清卫先生了。又如我是很知道广州人对香港的感情的，所以我很小心的说“我希望香港的教育家接受新文化，用和平手段转移守旧势力，使香港成为南方的一个新文化中心”，我特别把“一个新文化中心“说的很清楚，但笔记先生好像不曾做惯白话文，他轻轻的把“一个”两字丢掉了，后来引起了广州人士不少的醋意！又如最后笔记先生记的有这样一句话：

现在不同了。香港最高级教育当局也想改进中国的文化。

这当然是很错误的纪录：我说的是香港最高教育当局现在也想改善大学里的中国文学的教学了，所以我接着说港大最近访两位中国学者来计划中文系的改革事业。凡有常识而无恶意的读者，看了上下文，决不会在这一句上挑眼的，谁知这句句子后来在中山大学邹校长的笔下竟截去了上下文，成了一句天下驰名的名句！

那篇演说，因为各地报纸都转载了，并且除了上述各点小误之外，记载的大体不错，所以我不用转载在这里了。我的大意是劝告香港教育家充分利用香港的治安和财富，努力早日做到普及教育；同时希望他们接受中国大陆的新潮流，在思想文化上要向前走，不要向后倒退。可是我在后半段里提到广东当局反对白话文，提倡中小学读经的政策。我说的很客气，笔记先生记的是：

> 现在广东很多人反对用语体文，主张用古文；不但古文，而且还提倡读经书。我真不懂。因为广州是革命策源地，为什么别的地方已经风起云涌了，而革命策源地的广东尚且守旧如此。

这段笔记除了“风起云涌”四个字和“尚且”二字我决不会用的，此外的语气大致不错。我说的虽然很客气，但读经是陈济棠先生的政策，并且曾经西南政务会议正式通令西南各省，我的公开反对是陈济棠先生不肯轻轻放过的。于是我这篇最浅近的演说在1月8日广州报纸上登出之后，就引起很严重的反对。我丝毫不知道这回事，8日的晚上，我上了“泰山”轮船，一觉醒来，就到了广州。

罗文干先生每每取笑我爱演说，说我“卖膏药”。我不懂这句话的意思，直到那晚上了轮船，我才明白了。我在头等舱里望见一个女人在散舱里站着演说，我走过去看，听不懂她说的是什么问题，只觉得她侃侃而谈，滔滔不绝，很像是一位有经验的演说大家。后来问人，才知道她是卖膏药的，在那边演说她手里的膏药的神效。我忍不住暗笑了；明天早起，我也上省卖膏药去！

二、广州

1月9日早晨六点多，船到了广州，因为大雾，直到七点，船才能靠码头。有一些新旧朋友到船上来接我，还有一些新闻记者围住我要谈话。有一位老朋友托人带了一封信来，要我立时开看。我拆开信，中有云："兄此次到粤，诸须谨慎。"我不很了解，但我知道这位朋友说话是很可靠。那时和我同船从香港来的有岭南大学教务长陈荣捷先生，到船上来欢迎的有中山大学文学院长吴康先生，教授朱谦之先生，还有地方法院院长陈达材先生，他们还不知道广州当局对我的态度。陈荣捷先生和吴康先生还在船上和我商量我的讲演和宴会的日程。那日程确是可怕的！除了原定的中山大学和岭南大学各演讲两次之外，还有第一女子中学，青年会，欧美同学会等，四天之中差不多有十次演讲。上船来的朋友还告诉我：中山大学邹鲁校长出了布告，全校学生停课两天，使他们好去听我的演讲。又有人说：青年会昨天下午开始卖听讲券，一个下午卖出了两千多张。

我跟着一班朋友到了新亚酒店。已是八点多钟了。我看广州报纸，才知道昨天下午西南政务会议开会，就有人提起胡适在香港华侨教育会演说公然反对广东读经政策，但报纸上都没有说明政务会议议决如何处置我的方法。一会儿，吴康先生送了一封信来，说：

> 适晤邹海滨先生云：此间党部对先生在港言论不满，拟劝先生今日快车离省，暂勿演讲，以免发生纠纷。

邹、吴两君的好意是可感的，但我既来了，并且是第一次来观光，颇不愿意就走开。恰好陈达材先生问我要不要看看广州当局，我说：林云陔主席是旧交，我应该去看看他。达材就陪我去到省政府，见着林云陔先生，他大谈广东省政府的“三年建设计划”。他问我要不要见见陈总司令，我说，很好。达材去打电话，一会儿他回来说：陈总司令本来今早要出发向派出剿匪的军队训话，因为他要和我谈话，特别改迟出发。总司令部就在省政府隔壁，可以从楼上穿过。我和达材走过去，在会客室里略坐，陈济棠先生就进来了。

陈济棠先生的广东官话我差不多可以全懂。我们谈了一个半钟头，大概他谈了四十五分钟，我也谈了四十五分钟。他说的话很不客气：“读经是我主张的，祀孔是我主张的，拜关、岳也是我主张的。我有我的理由。”他这样说下去，滔滔不绝。他说：“我民国十五年到莫斯科去研究，我是预备回来做红军总司令的。”但他后来觉得共产主义是错的，所以他决心反共了。他继续说他的两大政纲：第一是生产建设，第二是做人。生产的政策就是那个“三年计划”，包括那已设未设的二十几个工厂，其中有那成立已久的水泥厂，有那前五六年才开工出糖的糖厂。他谈完了他的生产建设，转到“做人”，他的声音更高了，好像是怕我听不清似的。他说：生产建设可以尽量用外国机器，外国科学，甚至于不妨用外国工程师。但“做人”必须有“本”，这个“本”必须要到本国古文化里去寻求。这就是他主张读经祀孔的理论。他演说这“生产”“做人”两大股，足足说了半个多钟头。他的大旨和胡政之先生“粤桂写影”所记的陈济棠先生一小时半的谈话相同，大概这段大议论是他时常说的。

我静听到他说完了，我才很客气地答他，大意说：“依我的看法，伯南先生的主张和我的主张只有一点不同。我们都要那个‘本’，所不同的是：伯南先生要的是‘二本’，我要的是‘一本’。生产建设须要科学，做人须要读经祀孔，这是‘二本’之学。我个人的看法是：生产要用科学知识，做人也要用科学知识，这是‘一本’之学。”

他很严厉的睁着两眼，大声说：“你们都是忘本！难道我们五千年的老祖宗都不知道做人吗？“

我平心静气的对他说：“五千年的老祖宗，当然也有知道做人的。但就绝大多数的老祖宗说来，他们在许多方面实在够不上做我们‘做人’的榜样。举一类很浅的例子来说罢。女人裹小足，裹到骨头折断，这是全世界的野蛮民族都没有的惨酷风俗。然而我们的老祖宗居然行了一千多年。大圣大贤，两位程夫子没有抗议过，朱夫子也没有抗议过，王阳明、文文山也没有抗议过。这难道是做人的好榜样?”

他似乎很生气，但也不能反驳我。他只能骂现存中国的教育，说“都是亡国的教育”；他又说，现在中国人学的科学，都是皮毛，都没有“本”，所以都学不到人家的科学精神，所以都不能创造。在这一点上，我不能不老实告诉他：他实在不知道中国这二十年中的科学工作。我告诉他：现在中国的科学家也有很能做有价值的贡献的了，并且这些第一流的科学家又都有很高明的道德。他问，“有些什么人?”我随口举出了数学家的姜蒋佐，地质学家的翁文灏、李四光，生物学家的秉志，——都是他不认识的。

关于读经的问题，我也很老实地对他说：我并不反对古经典的研究，但我不能赞成一班不懂得古书的人们假借经典来做复古的运动。“这回我在中山大学的讲演题目本来是两天都讲‘儒与孔子’，这也是古经典的一种研究。昨天他们写信到香港，要我一次讲完，第二次另讲一个文学的题目。我想读经问题正是广东人眼前最注意的问题，所以我告诉中山大学吴院长，第二题何不就改作‘怎样读经?’我可以同这里的少年人谈谈怎样研究古经典的方法。”我说这话时，陈济棠先生回过头去望着陈达材，脸上做出一种很难看的狞笑。我当作不看见，仍旧谈下去。但我现在完全明白是谁不愿意我在广州“卖膏药”了！

以上记的，是我那天谈话的大概神情。旁听的只有陈达材先生一位。出门的时候，达材说，陈伯南不是不能听人忠告的，他相信我的话可以发生好影响。我是相信天下没有白费的努力的，但对达材的乐观我却不免怀疑。这种久握大权的人，从来没有人敢对他们说一句逆耳之言，天天只听得先意承志的阿谀谄媚，如何听得进我的老实话呢？

在这里我要更正一个很流行的传说。在十天之后，我在广西遇见一位从广州去的朋友，他说，广州盛传胡适之对陈伯南说："岳武穆曾说，'文官不要钱，武官不怕死，天下太平矣'。我们此时应该倒过来说，'武官不要钱，文人不怕死，天下太平矣'。"——这句话确是我在香港对胡汉民先生说的。我在广州，朋友问我见过胡展堂没有，我总提到这段谈话。那天见陈济棠先生时，我是否曾提到这句话，我现在记不清了。大概广州人的一般心理，觉得这句话是我应该对陈济棠将军说的，所以不久外间就有了这种传说。

我们从总司令部出来，回到新亚酒店，罗钧任先生、但怒刚先生、刘毅夫（沛泉）先生、罗努生先生、黄深微（骚）先生、陈荣捷先生，都在那里。中山大学文学院长吴康先生又送了一封信来，说：

> 鄙意留省以封演讲为妙。党部方面空气不佳，发生纠纷，反为不妙，邹先生云，昨为党部高级人员包围，

> 渠无法解释。故中大演讲只好布告作罢。渠云，个人极推重先生，故前布告学生停课出席听先生讲演。惟事已至此，只好向先生道歉，并劝先生离省，冀免发生纠纷。
>
> 1月9日午前11时

邹校长的为难，我当然能谅解。中山大学学生的两天放假没有成为事实，我却可以得着四天的假期，岂不是意外的奇遇？所以我和陈荣捷先生商量，爽性把岭南大学和其他几处的讲演都停止了，让我痛痛快快地玩两天。我本来买了来回船票，预备赶十六日的塔虎脱总统船北回，所以只预备在广州四天，在梧州一天。现在我和西南航空公司刘毅夫先生商量，决定在广州只玩两天，又把船期改到十八日的麦荆尼总统船，前后多出四天，坐飞机又可以省出三天，我有七天（11—18）可以飞游南宁和柳州、桂林了。罗钧任先生本想游览桂林山水，他到了南宁，因为他的哥哥端甫先生（文庄）死了，他半途折回广州。他和罗努生先生都愿意陪我游桂林，我先去梧州讲演，钧任等到13日端甫开吊事完，飞到南宁会齐，同去游柳州、桂林。我们商量定了，我很高兴，就同陈荣捷先生坐小汽船过河到岭南大学钟荣光校长家吃午饭去了。

那天下午五点，我到岭南大学的教职员茶会。那天天气很热，茶会就在校中的一块草地上，大家团坐吃茶点谈天。岭南的学生知道了，就有许多学生来旁观。人越来越多，就把茶会的人包围住了。起先他们只在外面看着，后来有一个学生走过来对我说："胡先生肯不肯在我的小册子上写几个字？"我说可以，他就摸出一本小册子来请我题字。这个端一开，外面的学生就拥进茶会的团坐圈子里来了。人人都拿着小册子和自来水笔，我写的手都酸了。天渐黑下来了。草地上蚊子多得很，我的薄袜子抵挡不住，我一面写字，一面运动两只脚，想赶开蚊子。后来陈荣捷先生把我拉走，我上车时，两只脚背都肿了好几块。

晚上黄深微先生和他的夫人邀我到他们家中去住，我因为旅馆里来客太多，就搬到东山，住在他们家里。十点钟以后，报馆里有人送来明天新闻的校样，才知道中山大学邹鲁校长今天出了这样一张布告：

国立中山大学布告第七十九号

为布告事。前定本星期四五下午二时请胡适演讲，业经布告在案。现阅香港《华字日报》，胡适此次南来接受香港大学博士学位之后，在港华侨教育会所发表之言论，竟谓香港最高教育当局，也想改进中国的文化，又谓各位应该把他做成南方的文化中心，复谓广东自古为中国的殖民地等语。此等言论，在中国国家立场言之，胡适为认人作父；在广东人民地位言之，胡适竟以吾粤为生番蛮族，实失学者态度，应即停止其在本校演讲，合行布告。仰各学院各附校负生一体知照，届时照常上课为要。此布。

校长邹鲁　中华民国二十四年一月九日

这个布告使我不能不佩服邹鲁先生的聪明过人。早晨的各报记载八日下午西南政务会议席上讨论的胡适的罪过，明明是反对广东的读经政策。现在这一桩罪名完全不提起了，我的罪名变成了“认人作父”和“以吾粤为生番蛮族”两项！广州的当局大概也知道“反对读经”的罪名是不够引起广东人的同情的，也许多数人的同情反在我的一边。况且读经是武人的主张，——这是陈济棠先生亲口告诉我的——如果用“反对读经”做我的罪名，这就成了陈济棠反对胡适了。所以奉行武人意旨的人们必须避免这个真罪名，必须向我的华侨教育会演说里去另寻找我的罪名，恰好我的演说里有这么一段：

我觉得一个地方的文化传到他的殖民地或边境，本地方已经变了，而过境或殖民地仍是保留着老祖宗的遗物。广东自古是中国的殖民地，中原的文化许多都变了，而在广东尚留着。像现在的广东音是最古的，我现在说的话才是新的。(用各报笔记，大致无大错误)。

假使一个无知苦力听了这话忽然大生气，我一定不觉得奇怪。但是一位国立大学校长，或是一位国立大学的中国文学系主任居然听不懂这一段话，居然大生气，说我是骂他们“为生番蛮族”，这未免有点奇怪罢。

我自己当然很高兴，因为我的反对读经现在居然不算是我的罪状了，这总算是一大进步。孟子说的好，“乃孔子则欲以微罪行，不欲为苟去”。邹鲁先生们受了读经的训练，硬要我学孔子的“做人”，要我“以微罪行”，我当然是很感谢的。

但9日的广州各报记载是无法追改的，9日从广州电传到海内外各地的消息也是无法追改的。广州诸公终不甘心让我蒙“反对读经”的恶名，所以1月14日的香港英文《南华晨报》（*South China Morning Post*）上登出了中山大学教授兼广州《民国日报》总主笔梁民志（Prof. Liang Min-Chi）的一封英文来函，说：

> 我盼望能借贵报转告说英国话的公众，胡适博士在广州所受冷淡的待遇，并非因为（如贵报所记）他批评广州政府恢复学校读经课程，其实完全因为他在一个香港教员聚会席上说了一些对广东人民很侮辱又“非中国的（Un-Chinese）”批评。我确信任何人对于广州政府的教育政策如提出积极的批评，广州当局诸公总是很乐意听受的。

我现在把梁教授这封信全译在这里，也许可以帮助广州当局诸公多解除一点同样的误解。

我的膏药卖不成了，我就充分利用那两天半的时间去游览广州的地方。黄花岗、观音山、鱼珠炮台、石牌的中山大学新校舍、禅宗六祖的六榕寺、六百年前的五层楼的镇海楼、中山纪念塔、中山纪念大礼堂，都游遍了。中山纪念塔是亡友吕彦直先生（康南尔大学同学）设计的，图案简单而雄浑，为彦直生平最成功的建筑，远胜于中山陵的图案。黄花岗七十二烈士（中有亡友饶可权先生）墓是二十年前的新建筑，中西杂凑，全不谐和，墓顶中间一个小小的自由神石像，全仿纽约港的自由神大像，尤不相衬。我们看了民元的黄花岗，再看吕彦直设计的中山纪念塔，可以知道这二十年中国新建筑学的大进步了。

我在中山纪念塔下游览时，忽然想起学海堂和广雅书院，想去看看这两个有名学府的遗迹。同游的陈达材先生说，广雅书院现在用作第一中学的校址，很容易去参观。我们坐汽车到一中，门口的警察问我们要名片，达材给了他一张名片。我们走进去，路上遇着一中的校长，达材给我们介绍，校长就引我们去参观。东边有荷花池，池后有小亭，亭上有张之洞的浮雕石像，刻的很工致。我们正在赏玩，不知如何被校中学生知道了，那时正是十二点一刻，餐堂里的学生纷纷跑出来看，一会儿荷花池的四围都是学生了。我们过桥时，有个学生拿着照相机走过来问我："胡先生可以让我照相吗?"我笑着立定，让他照了一张相。这时候，学生从各方面围拢来，跟着我们走，有些学生跑到前面路上去等候我们走过。校长说："这里一千三百学生，他们晓得胡先生来，都要看看你。"我很想赶快离开此地。校长说："这里是东斋，因为老房屋有倒坏了的，所以全拆了重盖新式斋舍。那边是西斋，还保存着广雅书院斋舍的原样子，不可以不去看。"我只好跟他走，走到西斋，西斋的学生也知道我来了，也都跑来看我们。七八百个少年人围着我们，跟着我们，大家都不说话，但他们脸上的神气都很使我感动。校墙上有石刻的广雅书院学规，我站住读了几条回头看时，后面学生都纷纷挤上来围着我们，我们几乎走不开了。我们匆匆出来，许多学生跟着校长一直送我们到校门口。我们上了汽车，我对同游的两位朋友说："广州的武人政客未免太笨了。我若在广州演讲，大家也许来看热闹，也许来看着胡适之是什么样子；我说的话，他们也许可以懂得五六成；人看见了，话听完了，大家散了，也就完了。演讲的影响不过如此。可是我的不演讲，影响反大的多了。因为广州的少年人都不能不想想为什么胡适之在广州不演讲。我的最大辩才至多只能使他们想想一两个问题，我不讲演却可以使他们想想无数的问题。陈迫南先生真是替胡适之宣传他的'不言之教'了!"

我在广州玩了两天半，1 月 11 日下午，我和刘毅夫先生同坐西南航空公司“长庚”机离开广州了。

我走后的第二天，广州各报登出了中山大学中国文学系教授古直、钟应梅、李沧萍三位先生的两个“真电”，全文如下：

一

广州分进西南政务委员会，陈总司令、林主席、省党部、林宪兵司令、何公安局长勋鉴：

昔颜介庾信，北陷虏廷，尚有乡关之重，今胡适南履故上，反发盗憎之论，在道德为无耻，在法律为乱贼矣。又况指广东为殖民，置公等于何地，虽立正典刑，如孔子之诛少正卯可也。何乃令其逍遥法外，造谣惑众，为侵掠主义张目哉。今闻尚未出境，请即电令截回，径付执宪。庶几乱臣贼子，稍知警悚矣。否则老口北返，将笑广东为无人也。国立中山大学中文系主任古直、教员李沧萍、钟应梅，等叩，真辰。

二

探送梧州南宁李总司令、白副总司令、黄主席、马校长勋鉴：

（前段与上电同略）今闻将入贵境，请即电令所在截留，径付执宪。庶几乱臣贼子，稍知警悚矣。否则公方剿灭共匪，明耻教战，而反容受刘豫、张邦昌一流人物以自玷，天下其谓公何，心所谓危，不敢不告。

国立中山大学中文系主任古直、教员李沧萍、钟应梅叩，真午。

电文中列名的李沧萍先生，事前并未与闻，事后曾发表谈话否认列名真电。所以1月16日中山大学日报上登出《古直、钟应梅启事》，其文如次：

胡适出言侮辱宗国，侮辱广东三千万人。中山大学布告驱之，定其罪名为认人作父。夫认人作父，此贼子也，刑罚不加，直等以为遗憾。真日代电，所以义形于色矣。李沧萍教授同此慷慨，是以分之以义，其实未尝与闻。今知其为北大出身也，则直等过矣。呜呼道真之妒，昔人所叹，自今以往，吾犹敢高谈教育救国乎。先民有言，丈夫行事当磊磊落落，特此相明，不欺其心。谨启。

古直、钟应梅　启

这三篇很有趣的文字大可以做我的广州杂忆的尾声了。

三、广西

我们1月11日下午飞到梧州了，在梧州住了一夜，我在广西大学讲演一次，次日在梧州中山纪念堂公开讲演一次。广西大学校长马君武先生是我的老师，校中教职员有许多是中国公学的老朋友，所以我在梧州住的一天是最快乐的。大学在梧州的对岸，中间是抚河（漓水），南面是西江。我们到得太晚了，晚上讲演完后，在老同学谢厚藩先生的家里喝茶大谈，夜深过江，12 日讲演完后，吃了饭就上飞机飞南宁了，始终没有机会参观西大的校舍与设备，这就是用嘴不能用眼的害处了。

12 日下午到南宁（邕宁），见着白健生先生、潘宜之先生、邱毅吾（昌渭）先生等，都是熟人。住在乐群社，是一个新式的俱乐部，设备很好。梧州与南宁都有自来水，内地省分有两个有自来水的城市，是很难得的。白先生力劝我改船期，在广西多玩几天。我因为我的朋友贵县罗尔纲先生的夫人和儿女在香港等候我伴送他们北上，不便改期。14 日罗钧任和罗努生如约到了南宁，白健生先生又托他们力劝。白先生说，他可以实行古直先生们的“真电”，封锁水陆空的交通，把我扣留在广西！后来我托省政府打电报请广西省银行的香港办事处把我和罗太太一家的船票都改了 26 日的胡佛总统船。这样一改，我在广西还可住十二天，尽够畅游桂林山水了。

我在邕宁住了六天，中间和罗努生到武鸣游了一天。钧任飞去龙州玩了一天，回来极口称美龙州的山水，可惜我不曾去。我在邕宁讲演了五次。19日飞往柳州，住在航空署，见着广西航空界的一班青年领袖。钧任、努生和我在柳州游览了半天，公开讲演一次。20日上午飞往桂林，在桂林讲演了两次，游览了两天，把桂林附近的名胜大致游遍了。22日上午，我和钧任、努生、毅夫，桂林县公署的秘书曹先生，飞机师赵志雄、冯星航两先生，雇了船去游阳朔。在漓水里走了一天半，23日下午才到阳朔。在阳朔游览了小半天，我坐汽车赶到良丰的省立师范专科学校讲演一次。讲演后坐汽车赶回桂林，已近半夜了。

24日早晨从桂林起飞，本想直飞梧州，在梧州吃午饭，毅夫夫妇约了在广州北面的从化温泉吃晚饭。但那天雾太低了，我们飞过了良丰，还没到阳朔，看前面云雾低压，漓水的河身不宽而两傍山高，所以飞机师赵先生决定折回向西，飞到柳州吃午饭，饭后顺着柳江浔江飞往梧州，在梧州吃夜饭，打电报到广州去报告那些在从化等我们吃夜饭的朋友们。在梧州住了一夜，25日从梧州飞回广州，赶上火车，晚上赶到香港。我们在梧州打电报问明胡佛船是26日早晨四点钟就要开的，前一天的大雾几乎使我又赶脱了船期！

这是我在广西的行程。以下先记广西的山水。

广西的山水是一种特异的山水，南宋大诗人范成大在他的《桂海虞衡志》里说的最好：

> 余尝评桂山之奇宜为天下第一。士大夫落南者少，往往不知，而闻者亦不能信。余生东吴，而北抚辽蓟，南宅交广，西使氓峨之下，三方皆走万里，所至无不登览……其最号奇秀莫如池之九华，歙之黄山，括之仙都，温之雁荡，夔之巫峡，此天下同称之者。然皆数峰而止耳，又在荒绝僻远之濒，非几杖间可得；且所以能拔乎其萃者，必因重冈复岭之势，盘亘而起，其发也有自来。桂之千峰，皆旁无延缘，悉自平地崛然特立，玉笋瑶篸，森列无际。其怪且多如此，诚当为天下第一……山皆中空，故峰下多佳岩洞。

范氏指出两点特色：第一是诸峰“悉自平地崛然特立，玉笋瑶篸，森列无际”。第二是“山皆中空，故峰下多佳岩洞”。这两点都是广西山水的特色。这样“怪而多”的山都是石灰岩，和太湖石是同类；范石湖所指出的“山多中空，故多佳岩洞”，也正和太湖石的玲珑孔窍同一个道理。在飞机上望下去，只看见一簇一簇的圆锥体黑山，笋也似的矗立着，密密地排列着，使我们不能不想着一千多年前柳宗元说的名句：“桂州多灵山，发地峭竖，林立四野。”这种山峰并不限于桂林，广西全省有许多地方都有这种现象。我们在飞机上望见贵县的南山诸峰，也是这样的。武鸣的四围诸山，也是这一类。我们所游的柳州诸山，还有我们不曾去游的柳州北面融县真仙岩一带的山岩，也都和桂林、阳朔同一种类。地质学者说，这种山岩并不限于广西一省，贵州的山也属于这一类。翁文灏先生说，这种山岩，地质学家称为“喀尔斯特”山岩（Karstic），在世界上，别处也有，但广西贵州要算全世界最大的统系了。

徐霞客记广西的山水岩洞最详细，他在广西游了一年——从崇祯丁丑（1637）闰四月初八到次年三月二十七——写游记凡八万字，即丁文江标点本（商务印书馆出版，附地图）卷四至卷七。这是三百年前的游记，我们现在读了还不能不佩服那一位千古奇人脚力之健，精力之强，眼力之深刻，与笔力之细致。我们要知道广西岩洞的奇崛与壮美，不可不读徐霞客的游记；未游者固然应该读，已游者也不可不读。因为三百年来，还没有第二个人有这样伟大的好奇心，费这样长久的时间，专搜访自然的奇迹，作那么详细的记载。他所游的，往往有志书所不载，古今人所不知，或古人偶知而久无人到又被丛莽封塞了的。所以读过徐霞客粤西游记的人，真不能不感觉我们坐汽车匆匆游山的人真不配写游记：不但我们到的地方远不如他访搜所得的地方之多，我们到过的地方，所看见的，所注意到的，也都没有他在三百年前攀藤摩挲所得的多而且详尽。

凡听说桂林山水的，无人不知道桂林的独秀峰。图画上的桂林山水，也只有独秀峰最出名。徐霞客游遍了广西的山水，只不曾登独秀峰，因为独秀峰在桂林城中，圈在靖江王府里，须先得靖江王的许可，外人始得登览。徐霞客运动王府里的和尚代为请求，从五月初四日直到六月初一日，始终不得许可，他大失望而去。《游记》中屡记此事，最后记云：

> 五月二十九日，入靖藩城，订独秀期，主僧词甚迂缓。予初拟再至省一登独秀，即往柳州。至此失望，怅怅。
>
> 六月初一日，讹传流寇薄衡水，藩城愈戒严，予遂无意登独秀。独秀山北西临池，西南二麓予俱已绕其下，西岩亦已再探，惟东麓与绝顶未登。其异于他峰者，只亭阁耳。

独秀峰现在人人可以登临了。其实此峰是桂林清峰中的最低小的，高不过一百多尺！有石级可以从山脚盘旋直上山顶，凡三百六十级，其低可想！此峰所以独享大名，也有理由。徐霞客已说过，“其异于他峰者，只亭阁耳”，现时山腰与山顶尚有小亭台可供游人休憩，是一胜。此山在城中，登山可望全城和四围山水，是二胜。诸峰多是石山，无大树木，独秀峰上稍有树木，是三胜。桂林诸大山以岩洞见奇，然而岩洞都是可游而不可入画的；独秀峰无岩洞，而娇小葱茏，有小亭阁，最便于绘画，故画家多喜画独秀，是四胜。有此四胜，就使此峰得大名！徐霞客两度到桂林，终以不得登独秀峰为憾事。我们在飞机上下望桂林附近的无数石山，几乎看不见那座小小的石丘，颇笑徐霞客的失望为大不值得！

徐霞客最称赏柳州北面融县的真仙岩，《游记》中有“真仙为天下第一”之语。可惜真仙岩我们没有去；我们游的岩洞，最大的是桂林七星山的岩洞，这岩洞一口为栖霞洞，一口为曾公岩。徐霞客从栖霞洞进去，从曾公岩出来，依他的估计，“自栖霞达曾公岩，径约二里；复自岩口出入盘旋三里”。我们从曾公岩进去，从栖霞出来，共费时五十五分钟。向导的乡人手拿火把（用纸浸煤油，插入长竹筒的一头），处处演说洞里石乳滴成的种种奇异形状：“这是仙人棋盘，那是仙人种田，那是金钟对玉鼓，这是狮子对乌龟，那是摩天岭，这是观音菩萨，那是骊山老母……”那位领袖用很清楚的桂林话一一指给我们看，说给我们听，真如数家珍。洞中有一股泉水，有些地方水声很大。洞中石乳确有许多很奇伟的形态。我们携带有手电筒。又有两三盏手提汽油灯，故看得比较清楚。洞中各处皆被油烟熏黑，石壁石乳，手偶摩抚，都是煤黑。徐霞客记他来游时，向导者用松明照路。千百年中，游人用的松明烟与煤油烟，把洞壁都熏黑了。其实这种岩洞大可装设电灯，可使洞中景物都更便于赏观，行路的人可以没有颠跌的危险，也可以免除油烟熏塞的气闷。向来做向导的村人，可以稍加训练，雇作看洞和导游的人，而规定入门费与向导费。如此则游人不以游洞为苦。若如现状，则洞中幽暗，游人非多人结伴不敢进来，来者又必须雇向导，人太少又出不起这笔杂费。

曾公岩是因曾布得名。曾布在元丰初年以龙图阁待制出外，知桂州。他是一个有文学训练的政治家，在桂时，游览各岩洞，到处都有他的刻石题名，不止此一处。

七星山的岩洞，据徐霞客的几次探访搜寻，共有十五洞，他说：

> 此山岩洞骈峙：栖霞在北，下透山之东西；七星在中，曲透西北出；碧虚岩在南，以东西上透。三穴并悬，六门各异。北又有“朝雪”“高峙”两岩，皆西向。此七星山西面之洞也，洞凡五……曾公岩西又有洞在峰半，攀莽上，洞口亦东南向……此处岩洞骈峙者亦三。曾公岩北下同列者又有二岩……此七星山东南之洞也，洞凡五。
>
> 若北麓省春三岩，会仙一岩，旁又浅洞一，则七星北面之洞也，洞凡五。一山凡得十五洞云。

我们所游，其实只是十五洞之一！我们在洞里，固是迷不知西东，出了岩洞，还是杳不知南北。看徐霞客连日攀登，遍游诸洞，又综合记叙，条理井然，我们真不能不惭愧了！

七星山的对面就是龙隐岩，在月牙山的背后，洞的外口临江，水打沙进洞，堆积颇高，故岩上石刻题名有许多已被沙埋没了。龙隐岩很通敞，风景很美。岩外摩崖石刻甚多，有狄青等“平蛮三将题名碑”，字迹完好。

龙隐岩往西，不甚远，有小屋，我们敲门过去，有道士住在里面。此屋无后墙，靠山崖架屋，崖上石刻题记甚多，那最有名的《元祐党籍碑》即在此屋后。我久想见此碑，今日始偿此愿。元祐党籍立于徽宗崇宁元年（1102），最初只有九十八人，那是真正元祐（1086—1093）反新法的领袖人物。徽宗皇帝亲写党籍，刻于端礼门，后来又令御史台抄录元祐党籍姓名“下外路州军，于监司门吏厅，立石刊记”。到崇宁三年（1104）六月，又把元符末（1100）和建中靖国（1101）年间的“奸党”和“上书诋讥”请人一齐“通入元祐籍，更不分三等”（三等是原分“邪上尤甚”“邪上”“邪中”各等）。这个新合并的党籍，共有三百九人，刻石朝堂。此碑到崇宁五年正月，因彗星出现，徽宗下诏毁碑，“如外处有奸党石刻，亦令除毁”。除毁之后，各地即无有此碑石刻。现今只有广西有两处摩崖刻本，一本在融县的真仙岩，刻于嘉定辛未（1211）；一本即是桂林龙隐岩附近的摩崖，刻于庆元戊午（1198）；这两本都是南宋翻刻的。桂林此本乃是用蔡京写刻拓本翻刻，故字迹秀挺可爱。两本都是三百九十人，已不是真正元祐党籍了，其中如章惇、曾布、陆佃等人，都是王安石新法时代的领袖人物，后来时势翻覆，也都列名奸党籍内，和司马光、吕公著诸人做了同榜！

广西的岩洞内外，有唐宋元明的名人石刻甚多。石灰岩坚固耐久，历千百年尚多保存很完整的。如舜山的摩崖《舜庙碑》，是唐建中元年（780）韩云卿所立，距今已一千一百五十五年了。又如我们从栖霞洞下山，路旁崖上有范成大题名，又有张孝祥题名，这都是南宋大文人，现在都在路旁茅草里，没有人注意。此类古代名人题记，往往可供历史考据，其手书石刻更可供考证字画题跋者的参考比较。广西现有博物馆，设在南宁。我们盼望馆中诸公能作系统的搜访，将各地的古石刻都拓印编纂，将来可以编成一部“广西石刻文字”，其中必有不少历史的材料。

舜山有洞，名韶音洞，虽不甚深，而风景清幽，洞中有张栻（南轩）的《韶音洞记》石刻，字小，已不能全读了。洞前有庙，我们登楼小坐，前有清流，远望桂林清山，在晚照中气象很雄伟。

城中人士常游的为象鼻山、伏彼山、独秀峰、风洞山。其中以风洞山的风景为最胜。风洞山有北牖洞，虽曲折而多开敞之处，空气流通，多凉风，故名风凉，有小亭阁，下瞰江水，夏日多游人在此吃茶乘凉。

广西人说：“桂林山水甲天下，阳朔山水甲桂林。”我们游了桂林，决定坐船去游阳朔。一路上饱看漓江（抚河）的山水，但是因为我要赶香港船期，所以到了阳朔，只有几个钟头可以游览了。在小雨里，我们坐汽车到青厄渡，过渡后，下车泛览阳朔诸峰，仅仅能看一个大概。阳朔诸山也都是石山，重重叠叠，有作牛角双尖的，有似绝大石柱上半截被打断了的，有似大礼拜寺的，有似大石龟昂头向天的。远望去，重峰列岫，行列凌乱，在轻烟笼罩中，气象确是很奇伟。桂林诸山稍稍分散，阳朔诸山紧凑在江上；桂林诸山都无树木，此间颇有几处山上有大树木，故比较更秀丽。

但我们实在有点辜负了阳朔的山水，我们把时间用在船上了，到了这里只能坐汽车看山，未免使山水笑人。大概我们误会了“阳朔山水必须用船去游”的意思。我后来看徐霞客的游记，始知阳朔诸山都可以用船去细细游览。我们若再来，可以坐汽车到阳朔，然后雇船去从容游山。阳朔诸山也多洞岩，徐霞客所记龙洞岩、珠明洞、来仙洞，都令人神往；其中珠明洞凡有八门，最奇伟。我们没有攀登一处的岩洞，颇失望。

但我们这回坐船游阳朔，也有很好的收获。《徐霞客游记》里没有提到“光岩”，我们却有半夜游光岩的豪举。光岩是刘毅夫先生前年发现的，所以他力劝我们坐船游阳朔，一半也是为了要游光岩。船到光岩时，已半夜了，我们都睡了。毅夫先生上岸去，先雇竹筏进去探看，出来时他把竹筏火把都准备好了，然后把我们都从睡梦里轰起来，跟他去游洞。光岩口洞临江，洞甚空敞，洞里石乳甚多而奇，有明朝游人石刻甚多。毅夫前年曾探此洞，偶见洞后水面上还有小洞，洞口很低，离水面不过两三尺；毅夫想出法子来，用竹排子撑进去探险，须全身弯倒始能进去。进去后，他发现里面还有很奇的岩洞，为向来游人所未曾到过。所以他很高兴，在第一洞石壁上题字指示游人深入探奇。今夜他带领我们进洞口，石壁上他的墨笔题记还如新的。我们一班人分坐三个竹排子，排子上平铺着大火把，大家低头弯腰，进入第二洞。里面共有三层大洞，都很高大，有种种奇形的石乳。最后一洞内有石乳作荷藕形，凡八九节，须节都全，绝像真藕，每一洞内都有沙涨成滩，都是江水打进来的。每过一洞口，都须低头用手攀住上面岩石，有时撑排的人都下水去用手推竹排子。第二洞以后，石壁上全无前人题刻，大概古人都不知有这些幽境。毅夫为游此洞，在桂林特别买了一个价值十七元的大电筒，每进一洞，他用大电筒指示各种石乳给我们看。他说，最后一洞的顶上有三个小洞透入光线，也许“光岩”之名是从那里来的。晚间我们当然看不见那三处透光的小洞。但我想里洞既非前人所熟知，光岩之名未必起于这透光的小孔，大概因前洞高敞透明，故得光岩之名。此洞之发现，毅夫之功最多，最后一洞大可以题作“沛泉洞”（毅夫名沛泉）。毅夫说，此洞颇像浙西金华的双龙洞。

徐霞客记他从阳朔回桂林的途中，“舟过水绿村北七里，西岸一岩，门甚高敞，东向临江，前垂石成龙，曰蛟头岩”，其他在兴平之南约三里，不知即是光岩否。

漓水的一日半旅程，还有一件事足记。船上有桂林女子能唱柳州山歌，我用铅笔记下来，有听不明白的字句，请同行的桂林县署曹文泉科长给我解释。我记了三十多首，其中有些是绝妙的民歌。我抄几首最可爱的在这里：

一

燕子飞高又飞低，两脚落地口衔泥。
我俩二人先讲过，贫穷落难莫分离。

二

石榴开花叶子青，哥哥年大妹年轻。
妹子年轻不懂事，哥哥拿去耐烦心。

三

大海中间一枝梅，根稳不怕水来推。
我们连双先讲过，莫怕旁人说是非。

四

如今世界好不难！井水不挑不得干。
竹子搭桥哥也过，妹妹跌死也心甘。

五

高山高岭一根藤，藤上开花十九层。
你要看花尽你看，你要摘花万不能。

六

要吃笋子三月三，要吃甜藕等塘干。

要吃大鱼长放线，想连小妹耐得烦。

七

买米要买一斩白，连双要连好脚色。

十字街头背锁链，旁人取笑也抵得。

八

妹莫愁来妹莫愁，还有好日在后头。

金盆打水妹洗脸，象牙梳子妹梳头。

九

大塘干了十六年，荷叶烂了藕也甜。

刀切藕断丝不断，同心转意在来年。

我们在柳州的时间太短，只游了几次名胜之地。柳州城三面是江，我们在飞机上看柳江从西北来，绕城一周，往东北去。空中望那有名的立鱼山，真有点像个立鱼。那天下午，我们去游立鱼山，有岩洞很玲珑，我们匆匆不曾遍游。傍晚我们去游罗池柳宗元祠堂，有苏东坡写的韩退之《罗地庙碑》的迎享送神辞大字石刻。退之原辞石刻有"春与猿吟兮秋鹤与飞"一句，颇引起后人讨论。今东坡写本此句直作"春与猿吟兮秋与鹤飞"，此当是东坡从欧阳永叔之说，以"秋鹤与飞"为石刻之误，故改正了。石刻原碑也往往可以有错误，其误多由于写碑者的不谨慎。《罗池庙碑》原刻本有误字后经刊正，见于《东雅堂韩集校语》。后人据石本，硬指“秋鹤与飞”为有意作倒装健语，似未必是退之本意。

我们从阳朔回桂林时，路上经过良丰的师范专科学校，我在那边讲演一次。其地原名雁山，也是一座石山，岩壑甚美。清咸丰、同治之间，桂林人唐岳买山筑墙，把整个雁山围在园里，名为雁山园。后来园归岑春煊，岑又转送给省政府，今称为西林公园，用作师专校址。现有学生二百三十人。我们到时，天已黑了；讲演完始吃晚饭，晚饭后，校长罗尔棻先生和各位教员陪我们携汽油灯游雁山。岩洞颇大，中有泉水，流出岩外成小湖。洞中多凉风，夏间乘凉最宜。洞中多石乳，洞口上方有石乳所成龙骨形，颇奇突。园中旧有花树三千种，屡次驻兵，花树多荒死，现只存几百种了。有绿萼梅，正开花，灯光下奇艳逼人。校中诸君又引我们去看红豆树，树高约两丈余。教员沈君说，这株红豆树往往三年才结子一次。沈君藏有红豆，拿来遍赠我们几个同游的人。红豆大于檀香山的相思子约一倍，生在豆荚里，荚长约一寸半。

游岩洞时，我问此岩何名，他们说，“向来没有岩名，胡先生何不为此岩取一个名字，作个纪念？”我笑说，“此去不远有条相思江，岩下又有相思红豆树，何不就叫他做相思岩？”他们都赞许这个名字。次日我在飞机上想起这个相思岩来，就戏仿前夜听得的山歌，作小诗寄题“相思岩”：

相思江上相思岩。相思岩下相思豆。
三年结子不嫌迟。一夜相思叫人瘦。

这究竟是文人的山歌，远不如小儿女唱的道地山歌的朴素而新鲜。

那天我在空中又作了一首小诗，题为“飞行小赞”：

看尽柳州山，
看遍桂林山水，
天上不须半日，
地上五千里。

古人辛苦学神仙，
要守百千戒。
看我不修不炼，
也凌云无碍。

四、广西的印象

这一年中，游历广西的人发表的记载和言论都很多，都很赞美广西的建设成绩。例如美国传教家艾迪博士（Sherwood Eddy）用英文发表短文说，“中国各省之中，只有广西一省可以称为近于模范省。凡爱国而具有国家的眼光的中国人，必然感觉广西是他们的光荣。”这是很倾倒的赞语。艾迪是一个见闻颇广的人，他虽是传教家，颇能欣赏苏俄的建设成绩，可见他的公道。他说话也很不客气，他在广州作公开讲演，就很明白地赞美广西，而大骂广东政治的贪污。所以他对于广西的赞语是很诚心的。

我在广西住了近两星期，时间不算短了，只可惜广西的朋友要我缴纳特别加重的“买路钱”，——讲演的时间太多，观察的时间太少了，所以我的记载是简略的，我的印象也是浮泛的。

广西给我的第一个印象是全省没有迷信的、恋古的反动空气。广州城里所见的读经、祀孔、祀关岳、修寺、造塔等等中世空气，在广西境内全没有了。当西南政务会议的祀孔通令送到南宁时，白健生先生笑对他的同僚说：“我们的孔庙早已移作别用了，我们要祭孔，还得造个新孔庙！”

广西全省的庙宇都移作别用了，神像大都打毁了。白健生先生有一天谈起他在桂林（旧省会）打毁城隍庙的故事，值得记在这里。桂林的城隍庙是最得人民崇信的。白健生先生毁庙的命令下来之后，地方人民开会推举了许多绅士去求白先生的老太太，请她劝阻她的儿子；他们说：“桂林的城隍庙最有灵应，若被毁了，地方人民必蒙其祸殃。”白老太太对她儿子说了，白先生来对各位绅士说：“你们不要怕，人民也不用害怕。我可以出一张告示贴在城隍庙墙上，声明如有灾殃，完全由我白崇禧一人承当，与人民无干。你们可以放心了吗?”绅士们满意了。告示贴出去了。毁庙要执行了。奉令的营长派一个连长去执行，连长叫排长去执行，排长不敢再往下推了，只好到庙里去烧香祷告，说明这是上命差遣，概不由己，祷告已毕，才敢动手打毁神像！省城隍庙尚且不免打毁，其余的庙宇更不能免了。

我们在广西各地旅行，没有看见什么地方有人烧香拜神的。人民都忙于做工，教育也比较普遍，神权的迷信当然不占重要地位了，庙宇里既没有神像，烧香的风气当然不能发达了。

在这个破除神权迷信的风气里，只有一个人享受一点特殊的优客。那个人就是总部参军季雨农先生。季先生是合肥人，能打拳，为人豪爽任侠；当民国十六年，张宗昌部下的兵攻合肥，他用乡兵守御县城甚久。李德邻先生带兵去解了合肥之围，他很赏识这个怪人，就要他跟去革命。季先生是有田地的富人，感于义气，就跟李德邻先生走了。后来李德邻、白健生两先生都很得他的力，所以他在广西很受敬礼。这位季参军颇敬礼神佛，他无事时爱游山水，凡有好山水岩洞之处，若道路不方便，他每每出钱雇人修路造桥。武鸣附近的起凤山亭屋就是他修复的。因为他信神佛，他每每在这种旧有神祠的地方，叫人塑几个小小的神佛像，大都不过一尺来高的土偶，粗劣得好笑。他和我们去游览，每到一处有神像之处，他总立正鞠躬，同行的人笑着对我说："这都是季参军的菩萨!"听说柳州立鱼山上的小佛像也是季参军保护的菩萨。广西的神权是打倒了，只有一位安徽人保护之下，还留下了几十个小小的神像。

广西给我的第二个印象是俭朴的风气。一进了广西境内，到处都是所谓"灰布化"。学校的学生、教职员、校长、文武官吏、兵士、民团，都穿灰布的制服，戴灰布的帽子，穿有钮扣的黑布鞋子。这种灰布是本省出的，每套制服连帽子不过四元多钱。一年四季多可以穿，天气冷时，里面可加衬衣；更冷时可以穿灰布棉大衣。上至省主席总司令，下至中学生和普通兵士，一律都穿灰布制服，不同的只在军人绑腿，而文人不绑腿。这种制服的推行，可以省去服装上的绝大糜费。广西人的鞋子，尤可供全国的效法。中国鞋子的最大缺点在于鞋身太浅，又无钮扣，所以鞋子稍旧了，就太宽了，后跟收不紧，就不起步了。广西布鞋学女鞋的办法，加一条扣带，扣在一边，所以鞋子无论新旧，都是便于跑路爬山。

广西全省的对外贸易也有很大的入超。提倡俭朴，提倡用土货，都是挽救入超的最有效方法。在衣服的方面，全省的灰布化可以抵制多少洋布与呢绸的输入！在饮食嗜好方面，洋货用的也很少。吸纸烟的人很少，吸的也都是低价的烟卷，最高贵的是美丽牌。喝酒的也似乎不多，喝的多是本省土酒。有一天晚上，邕宁各学术团体请我吃西餐——我在广西十四天，只有此一次吃西餐——我看见侍者把啤酒斟在小葡萄酒杯里，席上三四十人，一瓶碑酒还倒不完，因为啤酒有汽，是斟不满杯的。终席只有一大瓶啤酒就可斟两三巡了。我心里暗笑广西人不懂怎样喝啤酒。后来我偶然问得上海啤酒在邕宁卖一元六角钱一瓶！我才明白这样珍贵的酒应该用小酒杯斟的了。我们在广西旅行，使我们更明白：提倡俭朴，提倡土货，都是积极救国的大事，不是细小的消极行为。

广西是一个贫穷的省份，不容易担负新式的建设。所以主持建设的领袖更应该注意到人民的经济负担的能力。即如教育，岂不是好事？但办教育的人和视学的人眼光一错，动机一错，注重之点若在堂皇的校舍，冬夏之操衣等，那样的教育在内地就都可以害人扰民了。我们在邕宁、武鸣各地的乡间看见小学堂的学生差不多全是穿着极破烂的衣裤，脚下多是赤脚，偶有穿鞋，也是穿破烂的鞋子。固然广西的冬天不大冷，所以天窗户可遮风的破庙，也不妨用作校舍，赤脚更是平常的事。然而我们在邕宁的时候，稍有阴雨，也就使人觉得寒冷。（此地有“四时常是夏，一雨便成秋”的古话。）乡间小学生的褴褛赤脚，正可以表示广西办学的人的俭朴风气。我在邕宁乡间看的那个小学还是“广西普及国民基础教育研究院”的一个附属小学哩。广西教育厅长雷沛鸿先生正在进行全省普及教育的计划，请了几位专家在研究院里研究实行的步骤和国民基础教育的内容。他们的计划大旨是要做到全省每村至少有一个国民基础学校，要使八岁到十二岁的儿童都能受两年的基础教育。我看了那些破衣赤脚的小学生，很相信广西的普及教育是容易成功的。这种的学堂是广西人民负担得起的，这样的学生是能回到农村生活里去的。

广西给我的第三个印象是治安。广西全省现在只有十七团兵，连兵官共有两万人，可算是真能裁兵的了。但全省无盗匪，人民真能享治安的幸福。我们作长途旅行，半夜后在最荒凉的江岸边泊船，点起火把来游岩洞，惊起茅蓬里的贫民，但船家客人都不感觉一毫危险。汽车路上，有山坡之处，往往可见一个灰布少年，拿着枪杆，站在山上守卫。这不是军士，只是民团的团员在那儿担任守卫的。

广西本来颇多匪祸，全省岩洞最多，最容易窝藏盗匪。有人对我说，广西人从前种田的要背着枪下田，牧牛的要背着枪赶牛。近年盗匪肃清，最大原因在于政治清明，县长不敢不认真作事，民团的组织又能达到农村，保甲的制度可以实行，清乡的工作就容易了。人民的比较优秀分子又往往受过军事的训练，政府把旧式枪械发给兵团，人民有了组织，又有武器，所以有自卫的能力。广西诸领袖常说他们的“三自政策”——自卫、自给、自治。现在至少可以说是已做到了人民自卫的一层。我们所见的广西的治安，大部分是建筑在人民的自卫力之上的。

在这里，我可以连带提到广西给我的第四个印象，那就是武化的精神。我用“武化”一个名词，不是讥讽广西，实是颂扬广西。我的朋友傅益真先生曾说，“学西洋的文明不难，最难学的是西洋的野蛮”。他的意思是说，学西洋文化不难，学西洋的武化最难。我们中国人聪明才智足够使我们学会西洋的文明，但我们的传统的旧习惯、旧礼教，都使我们不能在短时期内学会西洋人的尚武风气。西洋民族所到的地方，个个国家都认识他们的武力的优越，然而那无数国家之中，只有一个日本学会了西洋的武化，其余的国家——从红海到太平洋——没有一个学会了这个最令人歆羡而又最不易学的方面。然而学不会西洋武化的国家，也没有工夫来好好地学习西洋的文化，因为他们没有自卫力，所以时时在救亡图存的危机中，文化的努力是不容易生效力的。

中国想学人家的武化（强兵），如今已不止六十年了，始终没有学到家。这是很容易解释的。中国本是一个受八股文人统治的国家，根本就有贱视武化的风气，所以当日倡办武备学堂和军官学校的大臣，决不肯把他们自己的子弟送进去学武备。日本所以容易学会西洋的武化，正因为武士在封建的日本原是地位最高的一个阶级。在中国，尽管有歌颂绿林好汉的小说，当兵却是社会最贱视的职业，比做绿林强盗还低一级！在这种心理没有转变过来的时候，武化是学不会的。

在最近十年中，这种心理才有点转变了。转变的原因是颇复杂的：第一是新式教育渐渐收效了，“壮健”渐渐成为人们羡慕的对象了，运动场上的好汉也渐渐被社会崇拜了。第二是辛亥革命以来中央各省的政权往往落在军人手里，军人的地位抬高了。第三是民十四五年之间，革命军队有了主义的宣传，多有青年学生的热心参加，使青年人对于“革命军人”发生信仰与崇羡。第四是最近四年的国难，尤其是淞沪之战与长城之战，使青年人都感觉武装捍卫国家是一种最光荣的事业。——这里最后的两个原因，是上文所说的心理转变的最重要原因。军人的可羡慕，不在乎他们的地位之高或权威之大，而在乎他们的能为国家出死力，为主义出死力。这才是心理转变的真正起点。

可惜这种心理转变来的太缓，太晚，所以我们至今还不曾做到武化，还不曾做到民族国家的自卫力量。但在全国各省之中。广西一省似乎是个例外。我们在广西旅行，不能不感觉到广西人民的武化精神确是比别省人民高的多，普遍得多。这不仅仅是全省灰布制服给我们的印象，也不仅仅是民团制度给我们的印象。我想这里的原因，一部分是历史的，一部分是人为的。一是因为广西民族中有苗、猺、獞、狪、狑、猓猓（今日官书均改写“傜，童，同，令，果果”）诸原种，富有强悍的生活力，而受汉族柔弱文化的恶影响较少（广西没有邹鲁校长和古直主任，所以我这句话是不会引起广西朋友的误会的）；一是因为太平天国的威风至今还存留在广西人的传说里；一是因为广西在近世史上颇有受民众崇拜的武将，如刘永福，冯子材之流，而没有特别出色的文人，所以民间还不曾有重文轻武的风气；一是因为在最近的革命战史上，广西的军队和他们的领袖曾立大功，得大名，这种荣誉至今还存在民间；一是因为最近十年中，全省虽然屡次经过大乱，收拾整顿的工作都是几个很有能力的军事领袖主持的，在全省人民的心目中，他们是很受崇敬的。——因为这种种原因，广西的武化，似乎比别省特别容易收效。我到邕宁的时候，还在“新年”时期，白健生先生邀我到公共体育场去看“舞狮子”的竞赛。狮子有九队，都是本地公务人员和商人组织的。舞狮子之外，还有各种武术比赛，参加的有不少的女学生，有打拳的，有舞刀的。利用“过年”来提倡尚武的精神，也是广西武化的一种表示。至于民团训练的成绩是大家知道的……广西学校里的军事训练，施行比别省早，成绩也比别省好。在学校里，不但学生要受军训，校长教职员也要受军训，所以学校里的“大队长”的地位与权力往往比校长高得多。中央颁布的兵役法，至今未能实行，广西却已在实行了；去冬剿共之后，军队需要补充，省府实行征兵八千名，居然如期满额。若在江南各省，能做到这样的成绩吗？广西征兵之法是预先在各地宣传国民服兵役的重要和光荣。由政府派定各区应抽出壮丁的比例，例如某村有壮丁百人，应征二十分之一，村长（即小学校长，即后备队队长）即召集这一百壮丁，问谁愿应征；若愿去者满五人，即已足额；若不足五人，即用抽签法决定谁先去应征。这次征来的新兵，我们在桂林遇见一些，都是很活泼高兴的少年，有进过中学一两年的，有高小毕业的。在那独秀峰最高亭子上的晚照里，我们看那些活泼可爱的灰布青年在那儿自由眺望，自由谈论，我们真不胜感叹国家民族争生存的一线希望是在这一辈武化青年的身上了！

广西给我的印象，大致是很好的。但是广西也有一些可以使我们代为焦虑的地方。

第一，财政的困难是很明显的。广西是个地瘠民贫的地方，担负那种种急进的新建设，是很吃力的。据第一回广西年鉴的报告，二十二年度的全省总收入五千万元之中，百分之三十五有零是“禁烟罚金”，这是烟土过境的税收。这种收入是不可靠的；将来贵州或不种烟了，或出境改道了，都可以大影响到广西省库的收入。同年总支出五千二百万元之中，百分之四十是军务费，这在一个贫瘠的省份是很可惊的数字。万一收入骤减了，这样巨大的军务费是不是能跟着大减呢？还是裁减建设经费呢？还是增加人民负担呢？

第二，历史的关系使广西处于一个颇为难的政治局势，成为所谓“西南”的一部分。这个政治局势，无论对内对外都是很为难的。我们深信李德邻、白健生诸先生的国家思想是很可以依赖的，他们也曾郑重宣言他们绝无用武力向省外发展的思想。白先生曾对我说："当我们打散萧克军队之后，贵州人要求我们的军队驻扎贵州，我们还不肯留。我们决不会打别省的主意。"这是我们可以相信的。但我们总觉得两广现在所处的局势，实在不能适应现时中国的国难局面。现在国人要求的是统一，而敌人所渴望的是我们的分裂。凡不能实心助成国家的统一的，总不免有为敌人所快意的嫌疑。况且这个独立的形势，使两广时时感觉有对内自保的必要，因此军备就不能减编，而军费就不能不扩张。这种事实，既非国家之福，乂岂是两广自身之福吗？

第三，我们深信，凡有为的政治——所谓建设——全靠得人与否。建设必须有专家的计划与专家的执行。计划不得当，则伤财劳民而无所成。执行不得当，则虽有良法美意，终归于失败。广西的几位领袖的道德、操守、勤劳，都是我们绝对信任的。但我们观察广西的各种新建设，不能不感觉这里还缺乏一个专家的"智囊团"做设计的参谋本部；更缺乏无数多方面的科学人才做实行计划的工作人员。最有希望的事业似乎是兽医事业，这是因为主持的美国罗铎（Rodier）先生是一位在菲律宾创办兽医事业多年并且有大成效的专家。我们看他带来的几位菲律宾专家助手，或在试种畜牧的草料，或在试验畜种，或在帮助训练工作人员，我们应该可以明白一种大规模的建设事业是需要大队专家的合作的，是需要精密的设备的，是需要长时期的研究与试验的，是需要训练多数的工作人员的。然而邕宁人士的议论已颇嫌罗铎的工作用钱太多了，费时太久了，用外国人太多了，太专断不受商量了。“求治太急”的毛病，在政治上固然应该避免，在科学工艺的建设上格外应该避免。我在邕宁的公务人员的讲演会上，曾讲一次“元祐党人碑”，指出王荆公的有为未必全是，而司马温公诸人的主张无为未必全非。有为的政治有两个必要的条件：一是物质的条件，如交通等等；一是人才的条件，所谓人才，不仅是廉洁有操守的正人而已，还须要有权威的专家，能设计能执行的专家。这种条件若不具备，有为的政治是往往有错误或失败的危险的。

五、尾声

1 月 26 日早晨，胡佛总统船开了。我在船上无事，读了但怒刚先生送我的一册粤讴。船上遇着何克之先生，下午我到他房里去闲谈。见他正在做黄花冈凭吊的诗。我一时高兴，就用我从粤讴里学来的广州话写了一首诗。后来到了上海、南京，我把这首诗写出请几位广东的朋友改正。改定本是这样的：

黄花冈

黄花冈上自由神，
手揸火把照乜人？
咪话火把唔够猛，
睇佢渠吓倒大将军。

我题桂林良丰的《相思岩》山歌，已记在前面了。后来我的朋友寿生先生看见了这首山歌，他说它不合山歌的音节，不适宜于歌唱。他替我修改成这个样子：

相思江上相思岩，
相思豆儿靠岩栽，
（他）三年结子不嫌晚，
（我）一夜相思也难挨。

寿生先生生长贵州，能唱山歌，这一只我也听他唱过，确是哀婉好听。我谢谢他的好意。

二十四，八，十二